Veronika Pichl

Zuckerfrei

mit dem Thermomix®

AF638501

Tragen Sie sich jetzt unter **www.thermomix-fans.de** für unseren Newsletter ein und erhalten Sie zu neuen Veröffentlichungen Leseproben und kostenlose Rezepte!

riva

Veronika Pichl

Zuckerfrei mit dem Thermomix®

Über 60 süße und herzhafte Rezepte

riva

Bibliografische Information der Deutschen Nationalbibliothek
Die Deutsche Nationalbibliothek verzeichnet diese Publikation in der Deutschen Nationalbibliografie. Detaillierte bibliografische Daten sind im Internet über https://dnb.de abrufbar.

Für Fragen und Anregungen
info@m-vg.de

Wichtige Hinweise
Sämtliche Inhalte dieses Buches wurden – auf Basis von Quellen, die die Autorin und der Verlag für vertrauenswürdig erachten – nach bestem Wissen und Gewissen recherchiert und sorgfältig geprüft. Alle Rezepte in diesem Buch wurden für den Thermomix® TM5 entwickelt und mit diesem getestet. Bitte beachten Sie: Der Mixtopf des Thermomix® TM5 ist größer als der des TM31 (Kapazität von 2,2 Litern anstatt 2,0 Liter beim TM31). Daher dürfen aus Sicherheitsgründen die Rezepte aus diesem Buch nur dann mit dem TM31 nachgekocht werden, wenn die Mengen angepasst wurden. Achten Sie auf die Füllstandsmarkierungen und überschreiten Sie die maximale Füllmenge nicht. Der Verlag und die Autorin haften für keine nachteiligen Auswirkungen, die in einem direkten oder indirekten Zusammenhang mit den Informationen stehen, die in diesem Buch enthalten sind. Thermomix® ist ein eingetragenes Warenzeichen der Vorwerk & Co. KG. Diese Publikation ist kein offizielles Lizenzprodukt der Vorwerk & Co. KG.

Ausschließlich zum Zweck der besseren Lesbarkeit wurde auf eine genderspezifische Schreibweise sowie eine Mehrfachbezeichnung verzichtet. Alle personenbezogenen Bezeichnungen sind somit geschlechtsneutral zu verstehen.

Originalausgabe
6. Auflage 2025

Türkenstraße 89
80799 München
Tel.: 089 651285-0

Redaktion: Caroline Kazianka
Umschlaggestaltung: Manuela Amode
Umschlagabbildungen: © Karina Sowa; JeniFoto/Shutterstock.com; laperla_foto/shutterstock.com; Elena Veselova/shutterstock.com; © Vanessa Faschingbauer
Satz: inpunkt[w]o, Haiger (www.inpunktwo.de)
Druck: Florjancic Tisk d.o.o., Slowenien
Printed in the EU

ISBN Print 978-3-7423-0891-7
ISBN E-Book (EPUB, Mobi) 978-3-7453-0549-4

Inhalt

Gefangen in der »Zuckerspirale«?

Etwas Süßes zwischendurch – das ist als Trostpflaster, kleine Aufmunterung oder Belohnung nach einem harten Tag besonders beliebt. Kein Wunder, schließlich ist die Lust auf Süßes tief in uns verwurzelt und sogar angeboren: Bekommt ein Kleinkind ein süßes Getränk, lacht es freudig – ist etwas Saures im Fläschchen, wird das Kind erschrocken das Gesicht verziehen. Der Grund hierfür liegt bereits bei unseren Vorfahren, denen der süße Geschmack eines Lebensmittels suggerierte, dass es besonders viel Energie enthält und bevorzugt gegessen werden sollte. Schließlich verbrauchten unsere Vorfahren viel Energie – selbst dann, wenn Nahrung knapp war.

Auch heute noch ist unser Gehirn deshalb auf »Zuckerlust« programmiert – und das, obwohl die Energie, die wir unserem Körper damit zuführen, oft gar nicht wirklich benötigt wird. Schließlich wird durch Zucker, insbesondere in der Kombination mit Fett, das Belohnungszentrum unseres Gehirns stimuliert. Dementsprechend verbinden wir Kuchen, Schokolade und Co. mit positiven Gefühlen und können nur schwer Nein dazu sagen.

Klar, dass das beherzte Zugreifen bei Süßem schlecht für die Figur ist und sich das ein oder andere Stück Kuchen zu viel irgendwann auf der Waage bemerkbar macht. Aber hat zu viel Zucker davon abgesehen vielleicht noch weitere negative Auswirkungen auf unsere Gesundheit? Sind wir tatsächlich Gefangene der »Zuckersucht« oder können wir unsere Lust auf Süßes vielleicht sogar zuckerfrei befriedigen? Und sind es wirklich nur Schokolade, Gummibärchen und Gebäck, die die »Droge Zucker« enthalten? All diese Fragen soll dieses Buch beantworten und dabei helfen, die süßen Seiten des Lebens auch ohne Zucker zu genießen.

Die Zuckerspirale: Zucker macht Lust auf noch mehr Zucker

Am Abend wollen wir uns ein kleines Stück Schokolade gönnen – und bevor wir es überhaupt merken, ist die ganze Tafel aufgegessen. Klar, dass das insbesondere dann zum Problem wird, wenn die Zuckerlust unsere Diätpläne durch übermäßigen Süßigkeitenkonsum zunichtemacht. Zusätzlich kann ein Übermaß an Zucker aber auch zu Antriebslosigkeit, Müdigkeit, Magen- und Darmproblemen sowie Schlafstörungen führen und unser Immunsystem schwächen.

Doch können wir diese gesundheitlichen Nachteile abwenden, indem wir Schokolade, Kuchen und Gummibärchen mit viel Willenskraft und Überzeugung von unserem Speiseplan streichen? Leider lautet die Antwort hier: Nein. Schließlich sind oft nicht nur diejenigen in der Zuckerspirale gefangen, die gerne etwas Süßes naschen, sondern auch Menschen, die es herzhaft lieben oder bewusst auf Naschereien verzichten. Der Grund dafür: Zucker steckt in vielen Nahrungsmitteln, insbesondere in Fertiggerichten, industriell verarbeiteten und anderen Lebensmitteln, in denen wir ihn nicht vermuten. Ohne es wirklich wahrzunehmen, haben wir uns darum längst an einen hohen Zuckerkonsum gewöhnt und wissen oft gar nicht, wie wir den Zuckerkreislauf überhaupt durchbrechen können.

Doch es geht auch anders! Ist uns bewusst, was Zucker überhaupt ist, in welcher Form wir ihn zu uns nehmen und was er in unserem Körper anrichtet, fällt es uns schon viel leichter, gezielt auf Zucker zu verzichten. Und das hilft nicht nur dabei, das Körpergewicht im Rahmen einer Diät zu reduzieren, sondern auch, gesünder und vitaler zu leben.

Zuckerirrtümer

Grund für diese schon in der Kindheit beginnende Konditionierung auf übermäßigen Konsum von Zucker und anderen einfachen Kohlenhydraten sind zahlreiche Ernährungsirrtümer. Und gerade die Irrtümer, die den Zucker betreffen, sind besonders weit verbreitet und halten sich hartnäckig.

Wir brauchen täglich Zucker.

Stimmt nicht! Um Energie zu gewinnen und aktiv zu sein, benötigen wir keinen Haushaltszucker. Stattdessen brauchen wir Glucose, auch als Traubenzucker bekannt, um unseren Körper funktionsfähig zu erhalten. Glucose kann unser Körper jedoch selbst aus Gemüse, Getreide oder anderen gesunden Nahrungsmitteln herstellen.

Brauner Zucker und Honig sind gesund.

Brauner Zucker ist als Vollzucker, Braunzucker und Vollrohrzucker erhältlich. Vollzucker stellt dabei nicht raffinierten Zucker aus der Zuckerrübe dar. Vollrohrzucker hingegen wird aus Zuckerrohr hergestellt. Braunzucker ist lediglich karamellisierter, herkömmlicher Zucker, der braun gefärbt wird. Anders als Haushaltszucker und Braunzucker enthalten Vollzucker und Vollrohrzucker im Vergleich etwas mehr Mineralstoffe. Der Unterschied ist hierbei jedoch gering.

Honig hingegen schmeckt besonders natürlich, weist einige Vitamine, Mineralstoffe und Enzyme auf, besteht aber zu 80 Prozent aus Fruchtzucker, Traubenzucker, weiteren Zuckerarten und Wasser. Entsprechend hat Honig herkömmlichem Zucker zwar in puncto Vitamin- und Mineralstoffgehalt etwas voraus, ist aber nicht unentbehrlich für unsere Ernährung.

Zucker – der effektivste Energielieferant?

Falsch! Fett hat im Vergleich zu Zucker einen mehr als doppelt so hohen Energiewert! Der beste Energielieferant kann schon allein deshalb nur eine ausgewogene Mahlzeit sein, die Ballaststoffe, Eiweiße, gesunde Fette/Öle und Vitamine enthält – und so auch länger satt macht.

Traubenzucker macht fit.

Genau wie anderer Zucker auch steigert Traubenzucker die Konzentrationsfähigkeit und macht vorübergehend fit. Das ist auf die Ausschüttung großer Mengen an Insulin zurückzuführen, die nach dem Verzehr stattfindet. Der kurzfristig erhöhte Blutzuckerspiegel sinkt danach jedoch schnell wieder drastisch ab, und das bewirkt, dass wir uns rasch wieder schlapp fühlen. Darum gilt: zu starke Blutzuckerspiegelschwankungen vermeiden und Vollkornprodukte verzehren, die Kohlenhydrate liefern, die nur langsam zu Traubenzucker abgebaut werden.

Fruchtzucker ist gesund.

Obst enthält neben Traubenzucker (Glucose) den entsprechend benannten Fruchtzucker, die Fructose. Diese ist mittlerweile sogar als vermeintlich gesundes Süßungsmittel als Pulver erhältlich, liefert aber auch nicht weniger Kalorien als Haushaltszucker. Allerdings macht beim Verzehr von Obst das »Drumherum« den Unterschied. Konsumieren wir Fructose nicht isoliert als Pulver, sondern in Form von Apfel, Kirsche, Banane und Co., bringen diese wertvolle Vitamine, Mineral- und Ballaststoffe mit sich. Greifen wir jedoch zu Pulver-Fructose erzielen wir den gleichen Effekt wie bei der Verwendung von Haushaltszucker.

Mit zuckerfreien Lebensmitteln ohne Zucker leben?

Klingt logisch, entspricht aber leider nicht der Lebensmittelrealität. Neben Haushaltszucker gibt es noch weitere Zuckerarten wie Frucht-, Trauben- oder Milchzucker. Sogenannte zuckerfreie Lebensmittel dürfen lediglich nicht mehr als 0,5 Gramm pro 100 Gramm oder 100 Milliliter Haushaltszucker enthalten. »Ohne Zuckerzusatz« bedeutet hingegen, dass kein süßender Stoff zugesetzt wurde – das heißt aber selbstverständlich nicht, dass das Produkt keinerlei Zucker beinhaltet.

Warum Zucker uns krank machen kann

Die oben beschriebenen Vorgänge und der Umstand, dass Einfachzucker schnell resorbiert werden kann, sind erst einmal nicht problematisch. Problematisch ist jedoch, dass der Anteil von Einfachzucker in unserer Nahrung weitaus höher ist, als gut für uns wäre. Zwar ist das Ansteigen des Insulinspiegels nach dem Verzehr von Kohlenhydraten (also Zucker) normal und nicht bedenklich, ist der Insulinspiegel jedoch durch den ständigen Verzehr einfacher Kohlenhydrate permanent erhöht, kann sich daraus ein Problem entwickeln. Schließlich fördert ein chronisch erhöhter Insulinspiegel erwiesenermaßen Entzündungen und damit auch chronische Krankheiten.

Außerdem gilt: Ist der Zucker ins Blut gelangt, wird er dahin transportiert, wo er zur Energiegewinnung gebraucht wird. Ist jedoch mehr Glucose vorhanden, als wir überhaupt verbrauchen können, wird diese in Form von Glykogen für »schlechte Zeiten« in der Leber eingelagert. Sind jedoch auch die Speicherkapazitäten der Leber einmal ausgereizt, wird ein Zuviel an Glucose in Form von Körperfett »aufbewahrt«.

Das Teuflische daran: Konsumieren wir Einfachzucker in Form von Süßigkeiten, Weißmehl oder Ähnlichem, steigt der Blutzuckerspiegel rasant an, Glucose wird zu Energie umgewandelt und der Glucose-Überschuss eingelagert. Nach dem Genuss von Einfachzucker sinkt der Blutzuckerspiegel jedoch rasch wieder ab und unser Körper signalisiert uns, dass neuer Zucker her muss, um den Organismus am Laufen zu halten. So macht Zucker schließlich Lust auf noch mehr Zucker und wir nehmen viel mehr Energie auf, als wir verbrauchen können – und das macht sich im Endeffekt in unerwünschten Speckröllchen bemerkbar.

Ein zu hoher Zuckerkonsum schadet allerdings nicht nur der Taille. Ist aufgrund des vermehrten Verzehrs von Zucker ständig zu viel Insulin im Blut vorhanden, kann das dazu führen, dass die Zellen nicht mehr richtig auf das Insulin reagieren. Folge davon kann eine sogenannte Insulinresistenz sein, bei welcher der Blutzuckerspiegel hoch bleibt, die Bauchspeicheldrüse aber immer mehr Insulin ausschüttet. Das kann schlimme Folgen wie Bluthochdruck, auffällige Blutfettwerte, Diabetes sowie ein erhöhtes Herzinfarkt- oder Schlaganfallrisiko haben. Außerdem gibt es Hinweise darauf, dass Insulin bei der Entstehung von Krebs mitwirkt bzw. das Wachstum von Krebszellen begünstigen könnte.

Mehr Nährstoffe, weniger Zucker

Schaut man sich einmal an, was der übermäßige Konsum von einfachen Kohlenhydraten anrichten kann, wird die Notwendigkeit, die Zufuhr einfacher Kohlenhydrate einzuschränken, klar. Aber wie soll das gehen? Braucht unser Körper Kohlenhydrate (in Form von aus Mehl hergestellten Lebensmitteln oder auch Haushaltszucker) nicht, um Energie zu gewinnen? Die einfache Antwort lautet hier: Nein! Kohlenhydrate sind austauschbar und nicht essenziell. Schließlich hatten auch unsere Vorfahren, die körperlich meist mehr leisten mussten als wir, gerade keine Nahrungsmittel aus verarbeitetem Weizen, Süßigkeiten oder Ähnliches zur Verfügung. Stattdessen musste Energie aus Früchten, Wurzeln und anderen natürlichen Lebensmitteln gewonnen werden.

Heute hingegen sind wir dazu übergegangen, stark verarbeitete Lebensmittel aus Getreide oder anderen Rohstoffen, denen es an Natürlichkeit und damit auch an Nährstoffen fehlt, zu bevorzugen. Im Gegensatz zu unseren Vorfahren konzentriert sich unsere Kohlenhydratzufuhr auf einfache, nährstoffarme Kohlenhydrate. So verwenden wir beispielsweise weißes Mehl, bei dessen Herstellung die ballaststoffreiche Hülle sowie der vitamin- und mineralienreiche Keim des Getreides entfernt und einfach weggeworfen werden. Statt der komplexen Kohlenhydrate aus Vollkornmehl bevorzugen wir die einfachen Kohlenhydrate des nährstoffarmen Auszugsmehls.

Dementsprechend überrepräsentiert sind einfache Kohlenhydrate in unserer Ernährung – und das wiederum hat die oben genannten Gesundheitsrisiken zur Folge, lässt unseren Insulinspiegel rasant steigen und fallen, führt zu immer mehr Verlangen nach einfachen Kohlenhydraten und macht uns zu allem Überfluss auch noch dick.

Was tun, um diesen Kreislauf zu durchbrechen?

Haben wir Heißhunger auf Süßes, möchte unser Körper uns oft signalisieren, dass er wichtige Vitalstoffe benötigt. Führen wir ihm nun etwas Nährstoffarmes zu, wird das unseren Hunger nicht stillen können. Schließlich fehlt es noch immer an Vitalstoffen. Greifen wir jedoch zu etwas Obst oder Vollkornprodukten, befriedigen wir unsere Gelüste gleich viel nährstoffreicher und bleiben durch den langsameren Anstieg des Insulinspiegels auch noch länger satt!

Oder besser noch: Auch nährstoffreiche Snacks oder eine Mahlzeit ganz ohne bzw. mit wenigen Kohlenhydraten können unseren Nährstoffhunger stillen. Schließlich sind Kohlenhydrate für unseren Körper nicht essenziell – das bedeutet, sie sind zur Energiegewinnung nicht unbedingt erforderlich und können beispielsweise im Rahmen einer Low-Carb-Ernährung problemlos durch Proteine und Fette ersetzt werden.

Zucker erkennen und ersetzen

Nicht nur Lebensmittel, die süß schmecken, enthalten viel Zucker. Denn oft versteckt sich Zucker auch da, wo wir ihn am wenigsten vermuten. Kein Wunder also, dass Typ-2-Diabetes längst zu einer Massenerkrankung geworden ist und nicht mehr wie früher als »Alterskrankheit« gilt. Schließlich werden wir bereits seit frühester Kindheit mit großen Mengen an Zucker selbst in vermeintlich gesunden Lebensmitteln konfrontiert. Um den Zuckerkreislauf zu durchbrechen, ist es darum besonders wichtig, Zucker in Fertigsoßen, Frühstücksflocken und vielen anderen Lebensmitteln überhaupt wahrzunehmen. Hierbei hilft ein Blick auf die Nährwertangaben und die Inhaltsstoffliste eines Lebensmittels.

Interessant ist dabei auch, wie viele Kohlenhydrate das Lebensmittel pro 100 Gramm enthält. Kohlenhydrate sind schließlich nichts anderes als Zucker. Und woher kommen diese Kohlenhydrate? Welche Inhaltsstoffe birgt das Lebensmittel? Zu beachten ist hierbei: Zucker kann sich hinter vielen Begriffen und Namen verstecken! Neben Zutaten, die »Zucker« bereits in ihrem Namen haben, verwenden Lebensmittelhersteller auch andere Zuckerformen oder süßende Zutaten, die mit ihrer kompliziert klingenden Bezeichnung nur schwer als Zucker zu enttarnen sind.

Zu Zuckern und zuckerreichen Süßungszutaten gehören zum Beispiel

- Saccharose
- Dextrose
- Glucose
- Raffinose
- Fructosesirup
- Glucosesirup
- Glucose-Fructose-Sirup
- Stärkesirup
- Lactose
- Karamellsirup
- Maltose oder Malzextrakt
- Maltodextrin
- Dextrin
- Weizendextrin
- Süßmolkenpulver
- Gerstenmalz
- Gerstenmalzextrakt

Außerdem kann Zucker in Form von Honig, Traubenzucker und Dicksäften (Agavendicksaft), Fruchtkonzentraten, -pürees oder getrockneten Früchten in Lebensmittel gelangen.

Eine Orientierung darüber, welche Mengen an Zucker im Lebensmittel enthalten sind, gibt die Platzierung der oben genannten Begriffe in der Zutatenliste des Nahrungsmittels. Stehen Begriffe weit oben, steckt besonders viel davon im Lebensmittel. Außerdem werden oft mehrere süßende Zutaten in einem fertigen Produkt kombiniert.

Zuckerfrei ganz ohne Verzicht?

Wie bereits gesagt macht eine zu kohlenhydratreiche Ernährung nicht nur dick, sondern begünstigt zudem zahlreiche Erkrankungen. Doch müssen wir bei der Zusammenstellung des täglichen Speiseplans nun komplett auf jegliche Form von Kohlenhydraten verzichten, um gesund und schlank zu bleiben?
Nein, natürlich nicht! Die komplexen Kohlenhydrate natürlicher Lebensmittel oder auch aus Obst und Gemüse wirken sich nämlich weit weniger negativ auf unseren Insulinspiegel aus. Auf Süßigkeiten, Schokolade und Kuchen hingegen könnte unser Körper problemlos komplett verzichten. Diese Lebensmittel sind absolut nicht notwendig – schmecken uns aber einfach besonders gut. Glücklicherweise müssen wir auch sie nicht ganz meiden, sofern wir Zucker und andere Back- und Süßspeisenzutaten gegen kohlenhydrat- bzw. zuckerfreie Alternativen austauschen. Zuckeraustauschstoffe und gesunde Mehlalternativen sorgen dafür, dass es Süßspeisen, Desserts und Co. nicht an ihrem gewohnt süßen Geschmack fehlt, wir sie aber kohlenhydratarm genießen können.
Um herkömmlichen Zucker zu ersetzen, haben sich diese Zuckeraustauschstoffe bzw. Süßungsmittel besonders bewährt:

- Trockenfrüchte (dosiert eingesetzt)
- Obst und süßes Gemüse
- Erythrit
- Xylit

Das hängt damit zusammen, dass diese entweder geschmacklich herkömmlichem Zucker besonders ähnlich (Erythrit, Xylit) oder natürlich süß sind (Trockenfrüchte, Obst, süßes Gemüse) und zusätzlich gesunde Ballaststoffe enthalten.
Um herkömmliches Mehl in Süßspeisen zu ersetzen, bieten sich insbesondere Kokos- oder Mandelmehl, aber auch andere Nussmehle, (gemahlene) Haferflocken oder Vollkornmehl an. Obwohl Haferflocken und Vollkornmehl genau wie auch Quinoa, welches ebenfalls bei unseren Rezepten zum Einsatz kommt, recht

viele Kohlenhydrate aufweisen, haben diese Lebensmittel herkömmlichem Weißmehl dennoch einiges voraus.

Schließlich enthalten Vollkornmehl, Haferflocken oder Quinoa im Gegensatz zu Weißmehl komplexe Kohlenhydrate (Vielfachzucker), die den Blutzuckerspiegel nur langsam ansteigen lassen, sättigender und außerdem nährstoffreicher sind. Dementsprechend wirken sich diese komplexen Kohlenhydrate auch viel weniger nachteilig auf unseren Organismus aus und schon eine kleinere Menge der aus ihnen zubereiteten Speisen hält uns lange satt, sodass wir im Endeffekt mit einer geringeren Kohlenhydratmenge auskommen. Nussmehle beinhalten fast gar keine Kohlenhydrate, sollten aufgrund ihres recht hohen Kaloriengehalts aber ebenfalls nicht im Übermaß genossen werden.

Was gibt es bei den Zuckeralternativen zu beachten?

Trockenfrüchte

Trockenfrüchte sind ideal, um Süßspeisen, Müsli, Shakes und vielem mehr eine leckere süß-fruchtige Note zu verleihen. Auch zum Backen eignen sie sich und liefern gleichzeitig noch eine Portion an Vitaminen und wichtigen Ballaststoffen. Allerdings sollten wir dabei nicht vergessen, dass auch Obst Zucker (Glucose und Fructose) beinhaltet. Fructose ist jedoch keineswegs gesünder als »normaler« Zucker, enthält genauso viele Kalorien und lässt den Blutzuckerspiegel rasch ansteigen. Da Trockenobst jedoch zusätzlich wichtige Vitamine und Nährstoffe mitbringt, gleicht das die Zuckernachteile etwas aus, sodass es in kleinen Mengen bedenkenlos zum Süßen verwendet werden kann.

Obst und Gemüse

Weniger konzentrierter Zucker als in Trockenobst, aber ein ebenso fruchtig-leckerer Geschmack steckt in frischem Obst und süßem Gemüse. Obwohl auch hier Kohlenhydrate enthalten sind und süßes Obst und Gemüse darum nicht im Übermaß gegessen werden sollten, gleichen der Vitamin- und Mineralstoffreichtum sowie das länger anhaltende Sättigungsgefühl die Zuckernachteile etwas aus. Besonders gut als fruchtige Süßungsmittel geeignet sind Bananen, Äpfel, Karotten oder süßer Kürbis, die Backwaren und vieles mehr süß und fruchtig verfeinern. Besonders interessant am Süßen mit Früchten: Hat man sich einmal von dem extrem süßen Geschmack herkömmlichen Haushaltszuckers »entwöhnt«, kann man die natürliche Süße in Obst und Gemüse gleich viel intensiver schmecken, sodass bald schon eine kleine Menge ausreicht, um das Verlangen nach Süßem zu stillen.

Xylit

Xylit, auch Birkenzucker genannt, kommt natürlicherweise in Gemüse, Obst und in Birkenrinde als Zuckeralkohol vor und fördert die Zahngesundheit. Genau wie Haushaltszucker ist Xylit als süßes, weißes Pulver erhältlich, hat einen dezent-natürlichen Geschmack und kommt in seiner Süßkraft normalem Zucker besonders nahe. Obwohl Xylit zu 100 Prozent aus Kohlenhydraten besteht, können diese kaum verstoffwechselt werden und entsprechend auch kein Auf und Ab des Blutzuckerspiegels auslösen. Zu beachten ist jedoch, dass das süße Pulver nur in Maßen genossen werden sollte, da zu große Mengen leicht abführend wirken können.

Erythrit

Erythrit ist ein Zuckeralkohol, der natürlicherweise in Käse oder in Trauben enthalten ist. Obwohl dieser Zuckeraustauschstoff ebenfalls aus Kohlenhydraten besteht, hat er einen glykämischen Index von 0 und dementsprechend keine negativen Auswirkungen auf den Blutzuckerspiegel. Genau wie Xylit erinnert Erythrit geschmacklich sehr an herkömmlichen Zucker, hat aber eine etwas geringere Süßkraft als Xylit. Auch Erythrit kann bei übermäßigem Konsum abführend wirken, die Zuckeralternative wird jedoch durch ihre gute Verträglichkeit gerade von empfindlichen Menschen gern eingesetzt.

Praxis-Tipps für den Weg in ein zuckerfreies oder zuckerarmes Leben

Eine Studie der Princeton University zeigt, dass regelmäßiger Zuckerkonsum ähnliche Veränderungen im Gehirn auslösen kann wie eine Kokain- oder Morphinabhängigkeit. Denn es kann, wie viele von uns wohl bestätigen können, auch bei Zucker zu einem Verlust der Selbstkontrolle und sogar zur Abhängigkeit kommen.
Viele kennen das Gefühl, sich trotz aller guten Vorsätze einfach nicht an einen Diätplan halten zu können und letztlich doch den Süßigkeitenschrank zu plündern – einfach, weil es jetzt etwas Süßes sein muss. Zusätzlich wird uns der Verzicht auf Zucker auch nicht wirklich leichtgemacht – schließlich finden wir ihn nicht nur in Süßigkeiten wie Schokolade, Kuchen und Keksen, sondern auch in Fruchtjoghurts, Fertigmüsli, vermeintlich gesunden Drinks, Ketchup, Fertigsoßen und in vielen anderen Gerichten.
Doch wie kann man den Zuckerkonsum dauerhaft einschränken und »Zuckerhunger« vorbeugen?
Ganz einfach:

- Umdenken schon beim Einkaufen.
- Gegen den physischen Zuckerhunger hilft eine ausgewogene, gesunde Ernährung zum Beispiel mit den zuckerfreien und nährstoffreichen Rezepten aus diesem Buch
- Um psychischem Zuckerhunger vorzubeugen, sind mehr Achtsamkeit, positive Ablenkung und nachfolgende SOS-Tipps probate Mittel.

Was ist physischer und psychischer Zuckerhunger?

Der physische Zuckerhunger entsteht durch Vorgänge im Körper, die wir bereits kennengelernt haben. Hierzu gehören das Auf und Ab des Blutzuckerspiegels oder auch ein Energiemangel, wenn wir länger nichts gegessen haben.
Der psychische Zuckerhunger hingegen überfällt uns auch dann, wenn wir eigentlich gerade ausreichend gegessen bzw. Energie aufgenommen haben.

Der physische Zuckerhunger

Ein Vitamin- und Mineralstoffmangel (z. B. Magnesium, Chrom, Selen) kann Heißhungerattacken auf Süßes auslösen. Unsere moderne Ernährung, die von industriell stark verarbeiteten Lebensmitteln wie Weißmehl, Fertigkost, Industriezucker und Co. dominiert wird, kann diesen Mangel zur Folge haben.

Tipps gegen physischen Zuckerhunger

Gesunde, ausgewogene Ernährung

Eine Ernährung, bei der kohlenhydratreduzierte Kost bzw. Mahlzeiten mit komplexen Kohlenhydraten aus ballaststoffreichen Lebensmitteln wie Gemüse oder Vollkornprodukten im Mittelpunkt stehen, hilft dabei, den Blutzuckerspiegel auf gleichbleibendem Niveau zu halten und seltener in die Hungerfalle zu tappen.

Extratipp: »Glücks-Lebensmittel«, die ähnlich wie Schokolade den Serotoninspiegel erhöhen, sind zum Beispiel Walnüsse, Bananen, Fisch, Putenfleisch und Avocados.

Protein

Auch ein Proteinmangel kann zu Zuckerhunger führen! Bei einer sehr proteinarmen Ernährung können Sprossen, Nüsse, Ölsaaten, Eier, Fisch, Fleisch und Milchprodukte helfen. Für Veganer gut geeignet: Seitan, Sojaprodukte und Hülsenfrüchte.

Gewürze

Zimt, Nelken, Kardamom, Muskat und Koriander verringern durch ihren süßlichen Geschmack das Verlangen nach zuckerhaltigen Lebensmitteln und können daher gezielt zum Vermeiden des Zuckerhungers eingesetzt werden.

Durch scharf gewürzte, salzige Speisen kann die Lust auf etwas Süßes hingegen verstärkt werden. Eine Mundspülung mit Xylit (siehe S. 21) oder gesunde Snacks nach dem Essen können hier Abhilfe schaffen.

Vorsicht vor Geschmacksverstärkern und versecktem Zucker

Hauptmahlzeiten sollten ausgewogen sättigen und den Appetit auf Zucker nicht noch verstärken. In Gerichten enthaltenes Glutamat, Hefe als Geschmacksverstärker, Fertigwürze und künstliche Süßstoffe können jedoch Auslöser für die Zuckerlust sein.

Zusätzlich finden sich in besonders vielen fettreduzierten Light-Produkten versteckte Zuckerarten. Hier also besser zur fettreicheren, aber zuckerfreien Variante greifen. Fett liefert außerdem Energie und hält länger satt.

Gesunder Süßigkeiten-Ersatz

Gesunde Lebensmittel können durchaus eine echte Süßigkeiten-Alternative sein. Besonders gut geeignet sind süßlich schmeckendes **Gemüse** wie Karotten, Tomaten oder Paprika. Und auch bei einer Scheibe Vollkornbrot offenbart sich, wenn man sie länger kaut, eine natürliche Süße.

Da sich unser Körper über viele Jahre oder sogar Jahrzehnte an die konzentrierte Süße von Industriezucker gewöhnt hat, kann es etwas dauern, bis es mit dem Umstieg auf natürliche Süße klappt. Mit der Zeit erscheint diese jedoch viel angenehmer als die geballte Süße von Bonbons, Schokolade und Ähnlichem.

Neben Gemüse und Vollkornprodukten ist auch **Obst** ein wertvoller Süßigkeiten-Ersatz. Zwar ist wie bereits erwähnt Fruchtzucker enthalten, Apfel, Birne, Traube und Co. liefern aber zudem wichtige Vitamine sowie Mineral- und Ballaststoffe.

Mandeln und Nüsse haben ebenfalls viele gesundheitliche Vorteile und lassen sich prima snacken. Dabei senken gesunde, ungesättigte Fettsäuren auch noch den Cholesterinspiegel und haben einen günstigen Einfluss auf den Blutdruck. Aufgrund des Fett- und Kaloriengehalts sollte man jedoch auch hier auf die Menge achten.

Trinken hilft nicht nur beim Abnehmen, sondern auch gegen Zuckerhunger. Zuckerhaltige Softdrinks, Tees und Säfte sollten jedoch gemieden werden. Wasser mit einem Spritzer Zitrone, grüner Tee oder Ingwertee können problemlos mit Xylit oder Erythrit gesüßt werden und helfen dabei, die Lust nach Süßem zu besiegen.

Bitterstoffe fördern den gesamten Verdauungsprozess, verringern die Esslust, senken Cholesterinwerte und können den Süßhunger reduzieren. Früher wurden Bitterstoffe in Form von Salaten, Gemüse, Wurzeln und Kräutern aufgenommen. Heute dominiert jedoch zuchtbedingt bit-

terstoffarmes oder -freies Gemüse. Nach wie vor vorhanden sind Bitterstoffe in Wildkräutern, Löwenzahn, Schafgarbe, Artischockenblättern, Chicorée, Radicchio, Rucola, Endivien, Rosenkohl, Brokkoli, Basilikum, Grapefruit, Artischocken, Ingwer oder Eisbergsalat. Außerdem können sie in Form von Kräuterbittertropfen konsumiert werden.

Der psychische Zuckerhunger

Neben dem körperlich bedingten gibt es auch den psychischen Hunger auf Süßes. So essen wir gern ein Stück Schokolade, wenn wir Ärger und Stress besiegen oder uns einfach nur wohlfühlen wollen. Auch Langeweile ist oft ein Grund, um zu süßen Speisen oder anderen einfachen Kohlenhydraten zu greifen. Um diesen psychischen Zuckerhunger in den Griff zu bekommen, sind Motivation und Durchhaltevermögen gefragt. Ein paar einfache Tipps machen es leichter, hier stark zu bleiben.

Tipps gegen psychischen Zuckerhunger

»Stay positive«, lautet die Devise! Schließlich beeinflusst auch unser emotionaler Zustand Stoffwechsel und Energiehaushalt. Ein niedriger Serotoninspiegel durch Stress und Ärger steigert das Verlangen nach raffinierten Kohlenhydraten und lässt Zuckerlust aufkommen – eine positivere Einstellung hilft hier oft schon weiter.

Auch Sport kann Stress und damit den Cortisolgehalt im Gehirn reduzieren. So nimmt das Verlangen nach einem tröstenden Schokoriegel ab und das Körpergefühl verbessert sich gleichzeitig ganz automatisch. Zusätzlich können ausreichender Schlaf, Entspannungs- und Atemübungen oder ein Spaziergang sinnvoll sein, um Stress abzubauen.

Ein Ernährungstagebuch kann ein gutes Mittel sein, um den Zuckerkonsum im Griff zu behalten und Gewohnheiten zu verbessern. Wer aufschreibt, was er wann gegessen und getrunken hat, macht sich

seine eigenen Ernährungsgewohnheiten viel bewusster. Denn oftmals erinnern wir uns einfach nicht mehr daran, welche Zuckerbomben wir wann verzehrt haben. Mit einem Ernährungstagebuch ist es leicht, den Überblick zu behalten und Ernährungsgewohnheiten beispielsweise durch regelmäßigere Mahlzeiten zu verbessern.

Mithilfe des Ernährungstagebuchs können außerdem schnell dick machende Naschgewohnheiten enttarnt und dann überwunden werden. Gibt es nachmittags zum Kaffee beispielsweise immer ein süßes Teilchen oder ein Stück Kuchen, kann das zukünftig durch einen zuckerfreien Keks oder ein paar Mandeln ersetzt werden.

Wer nach jedem Essen etwas Süßes braucht, verwendet einfach eine Xylit-Mundspülung, die gleichzeitig für gesunde Zähne sorgt. Und für alle, die abends vor dem Fernseher gern die Schätze aus dem Süßigkeitenfach plündern, ist ein gesunder Fruchtsnack eine gute Alternative, die man stattdessen genießen kann.

Oft sind die einfachsten Methoden besonders effektiv: Wer ständig mit Zuckerhunger kämpft, sollte sich selbst nicht in Versuchung bringen! Schließlich ist unsere Willenskraft begrenzt und es hilft, wenn Süßigkeiten einfach nicht greifbar sind. Stattdessen können gesündere, zuckerfreie Alternativen (siehe Rezeptteil ab S. 71) vorbereitet werden und anstelle der gewohnten Leckereien genascht werden.

SOS-Tipps bei akutem Zuckerhunger

- 1 bis 2 Gläser Wasser, Ingwertee oder grünen Tee trinken
- Zähne putzen
- zuckerfreien Kaugummi kauen

- Xylit-Spülung: Der Zuckeraustauschstoff Xylit fördert die Mund- und Zahngesundheit und hilft dabei, den Heißhunger auf Süßes zu bekämpfen. Sobald sich die Lust auf Zucker bemerkbar macht, eine Xylit-Mundspülung durchführen. Hierzu einfach ½ TL Xylit in den Mund nehmen und nicht hinunterschlucken. Etwa 2 Min. im Mund behalten und danach ausspucken. Den Mund danach nicht mit Wasser ausspülen! So kann sich die Wirkung optimal entfalten.
- Auch Sonnenlicht wirkt sich positiv auf den Serotoninspiegel aus. Nach einem Spaziergang bei Sonnenschein müssen Glücksgefühle nicht mit Schokolade oder Ähnlichem erzwungen werden.

- Anti-Süßigkeiten-Akupressur: ca. 15–20 Sek. mit dem Zeigefinger auf den Punkt zwischen Nase und Oberlippe drücken. Dieser Akupresspunkt wirkt auf das Appetitzentrum und bremst den Heißhunger.
- Schlank riechen! Duftöle können dabei helfen, die Lust auf Süßes zu dämpfen. Pfefferminzöl beispielsweise bremst den Heißhunger auf Süßes und Fettes. Einfach einige Tropfen Pfefferminzöl auf ein Taschentuch träufeln und nach Bedarf daran riechen. Eine ähnliche Wirkung hat auch Vanilleöl, durch das größere Mengen an Serotonin im Gehirn ausgeschüttet werden.

Zugegeben, auf ein komplett zuckerfreies Leben umzusteigen, ist gar nicht so einfach. Doch mit den Tipps gegen Zuckerhunger sowie etwas Fantasie und Engagement beim Einkaufen und Kochen können Zucker und Weißmehlprodukte auf dem Speiseplan stark reduziert werden. In den folgenden Rezepten finden Sie leckere Ideen für nährstoffreiche Kost, die den Heißhunger auf Zucker erst gar nicht aufkommen lassen. Zum Süßen verwenden wir Früchte oder die Zuckeralternativen Xylit und Erythrit. Der Vorteil von selbst zubereiteten Speisen ist, dass Sie ganz genau wissen, was darin enthalten ist, und somit versteckte Süßungsmittel, Geschmacksverstärker und unerwünschte Zusätze vermieden werden können.
Ich wünsche Ihnen viel Erfolg auf Ihrem Weg in ein zuckerfreies Leben!

Zum Umgang mit diesem Buch

Bei jedem Rezept finden Sie Nährwertangaben:

- kcal steht für Kilokalorien,
- KH für Kohlenhydrate,
- F für Fett,
- P für Protein.

Frühstück

Pancakes

Ohne Zuckerzusatz

Mit Süße aus Früchten

Für 2 Portionen

Pro Portion: 354 kcal • 21,2 g KH • 14,9 g F • 30,3 g P

vegetarisch, glutenfrei

3 Eier
1 Prise Salz
1 Banane
100 g Magerquark
50 g gemahlene Mandeln oder Mandelmehl
2 TL Backpulver (10 g)
1 EL Öl oder Butter zum Ausbacken der Pancakes

1. Die Eier trennen. Eigelbe beiseitestellen und die Eiweiße in den fettfreien Mixtopf geben. Rühraufsatz (Schmetterling) einlegen und Eiweiß **2–3 Min./Stufe 3** (auf Sicht) steif schlagen. Nach dem ersten Rühren Salz durch die Mixtopföffnung einrieseln lassen. Danach Eischnee in eine Schüssel umfüllen. Rühraufsatz (Schmetterling) herausnehmen.
2. Die Banane schälen, in grobe Stücke teilen und zusammen mit Eigelb, Magerquark, Mandeln und Backpulver in den Mixtopf geben und **30 Sek./Stufe 4** vermengen.
3. Eischnee mit dem Spatel unter die Teigmasse heben.
4. In einer Pfanne etwas Öl oder Butter erhitzen und bei mittlerer Hitze aus dem Teig Pancakes backen.

Ohne Zuckerzusatz

Mit Süße aus Früchten

Overnight Oats

Für 2 Portionen
Pro Portion: 382 kcal • 47,9 g KH • 13,8 g F • 12,3 g P
vegetarisch, glutenfrei

150 g fettarme Milch, 1,5 % Fett
200 g griechischer Joghurt, Natur, bis 0,2 % Fett
1 Msp. Vanillepulver
70 g Haferflocken
100 g Heidelbeeren
1 Banane

1. Milch, Joghurt und Vanillepulver im Mixtopf **10 Sek./Stufe 4** vermischen.
2. Haferflocken hinzufügen und **10 Sek./Linkslauf/Sanftrührstufe** unterheben.
3. In zwei Gläser füllen und über Nacht in den Kühlschrank stellen.
4. Am nächsten Tag Heidelbeeren waschen und abtropfen lassen.
5. Banane schälen und in Scheiben schneiden.
6. Overnight Oats mit Heidelbeeren und Bananenscheiben belegen und sofort verzehren bzw. als Frühstück oder Nachmittagssnack mitnehmen.

Ohne Zuckerzusatz

Mit Süße aus Früchten

Bananenbrot

Für eine kleine Backform (ca. 20 x 10 cm)/1 Brot/ca. 15 Scheiben

Pro Scheibe: 158 kcal • 6,26 g KH • 11,52 g F • 5,96 g P

vegetarisch, glutenfrei

4 reife Bananen
3 Eier
1 TL Vanillepulver
2 EL Kokosöl
250 g gemahlene Mandeln
1 TL Backpulver
1 Prise Salz

1. Den Backofen auf 180 °C Ober-/Unterhitze vorheizen.
2. Die Bananen schälen, in grobe Stücke teilen und zusammen mit Eiern, Vanillepulver sowie 1 ½ EL Kokosöl in den Mixtopf geben und **20 Sek./Stufe 4** vermischen.
3. Anschließend die gemahlenen Mandeln, Backpulver und Salz hinzufügen und **15 Sek./Linkslauf/Stufe 3** einrühren.
4. Eine Kastenform mit dem restlichen Kokosöl einfetten.
5. Den Teig in die Backform füllen und im Ofen backen. Für die angegebene Backform sind es 45–50 Min.
6. Nach der Backzeit Form aus dem Ofen nehmen. Brot abkühlen lassen und aus der Backform lösen.

Ohne Zucker-zusatz

Mit Süße aus Früchten

Kaffee-Oatmeal

Für 1 Portion
Pro Portion: 478 kcal • 78,9 g KH • 7,9 g F • 16,1 g P
vegetarisch, glutenfrei

1 reife Banane
1 Espresso (ca. 65 ml)
200 g Milch
50 g feine Haferflocken
2 Msp. Vanillepulver
2 Msp. Zimt
für das Topping Obst nach Wahl, z. B. 100 g Heidelbeeren
1 Msp. Kakaopulver

1. Banane schälen und in groben Stücken in den Mixtopf geben. **15 Sek./Stufe 5** pürieren und dann in eine Schüssel umfüllen.
2. Espresso zubereiten. Zusammen mit der Milch in den Mixtopf geben und **3 Min./100 °C/Stufe 2** aufkochen.
3. Haferflocken einwiegen und **6 Min./90 °C/Linkslauf/Stufe 2** köcheln lassen. Gegen Ende der Kochzeit ggf. etwas Wasser oder Milch zugeben, damit der Brei die gewünschte Konsistenz bekommt.
4. Pürierte Banane, Vanillepulver und Zimt hinzufügen und **10 Sek./Linkslauf/Sanftrührstufe** vermischen.
5. Haferbrei in eine Schüssel füllen und mit beliebigen Toppings wie z.B. Heidelbeeren und Kakaopulver garnieren.

Ohne Zuckerzusatz

Mit Süße aus Früchten

Superfood-Müsli-Bowl

Für 1 Portion
Pro Portion: 474 kcal • 17,5 g KH • 28,4 g F • 30 g P
vegetarisch, glutenfrei

30 g Sojaflocken
1 EL Mandelmus
1 EL Chia-Samen
1 EL Hanfsamen
200 g Milch bzw. Milchalternativen wie Soja- oder Mandelmilch
ca. 50 g Himbeeren

1. Alle Zutaten bis auf die Himbeeren in den Mixtopf geben und **15 Sek./ Linkslauf/Stufe 1** vermischen.
2. Masse in eine Schüssel umfüllen und ca. 10 Min. quellen lassen.
3. Die Himbeeren verlesen und vorsichtig waschen. Die Bowl mit den Beeren oder Toppings nach Belieben garnieren.

Ohne Zucker-zusatz

Mit Süße aus Früchten

Chia-Erdbeer-Pudding

Für 1 Portion
Pro Portion: 222 kcal • 11,1 g KH • 12,2 g F • 7,2 g P
vegan, glutenfrei

200 g Mandelmilch oder Milch
3 EL Chia-Samen (ca. 30 g)
1 Msp. Vanillepulver
150 g Erdbeeren

1. Mandelmilch, Chia-Samen und Vanillepulver in den Mixtopf geben und **15 Sek./Linkslauf/Stufe 1** verrühren. In ein Glas umfüllen und mindestens 3 Std. oder über Nacht im Kühlschrank quellen lassen. Mixtopf säubern.
2. Vor dem Servieren Erdbeeren waschen und entstielen, ein paar Beeren für die Dekoration zurücklegen, den Rest in den Mixtopf geben und **10 Sek./Stufe 6** pürieren.
3. Chia-Pudding aus dem Kühlschrank nehmen, mit einem Löffel noch einmal gut durchrühren. Erdbeerpüree auf der Oberfläche verteilen und Pudding mit den restlichen Beeren garnieren.

Tipp:

Mit gehackten Nüssen garnieren.

Mit Zuckerersatz

Granola

Für ca. 150 g Granola
Pro 15 g (1 EL): 83 kcal • 0,8 g KH • 7,9 g F • 1,9 g P
vegan, glutenfrei

30 g Mandeln, ganz
30 g Haselnüsse, ganz
20 g Walnüsse, ganz
30 g blanchierte Mandelplättchen
30 g Sonnenblumenkerne
15 g Kokosöl (oder Butter)
20 g Erythrit

1. Ganze Mandeln, Haselnüsse und Walnüsse in den Mixtopf geben und **3 Sek./ Stufe 5** grob hacken.
2. Alle Nüsse und Kerne in eine Pfanne ohne Fett geben und vorsichtig unter ständigem Umrühren anrösten. In eine Schüssel umfüllen.
3. Kokosöl oder Butter in der Pfanne erhitzen und schmelzen lassen. Bei mittlerer Hitze Erythrit hinzufügen und gut verrühren.
4. Die angerösteten Nüsse und Kerne hinzufügen und weiterhin gut umrühren, bis eine klebrige Masse entstanden ist. Das dauert nur ca. 3–5 Min. Achtung, dass nichts anbrennt, evtl. die Hitze noch etwas reduzieren.
5. Eine feste Unterlage wie z. B. ein Backblech, ein großes Brett oder die Arbeitsfläche in der Küche mit einem Stück Backpapier auslegen und die Masse zum Auskühlen darauf verteilen.
6. Sobald sie vollständig ausgekühlt ist, ist die Konsistenz auch richtig »crunchy« und man kann das Müsli in ein gut verschließbares Vorratsglas einfüllen.

Tipp:

Lässt sich mit vielen Zutaten ganz schnell und leicht variieren. Auf ca. 150 g Nüsse und Kerne nach Wahl, Kokoschips, evtl. auch noch Trockenfrüchte wie klein gehackte Cranberrys kommen 15 g Kokosöl oder Butter und 20 g Erythrit oder Xylit.

Ohne Zuckerzusatz

Mit Süße aus Früchten

Kunterbunte Smoothie-Bowl

Für 2 Portionen
Pro Portion: 393 kcal • 50,3 g KH • 8,4 g F • 23,8 g P
vegetarisch

200 g Beeren nach Wahl (z. B. Beerenmischung, Himbeeren, Heidelbeeren)
1 Apfel
1 Banane
1 EL Zitronensaft
300 g Skyr, Natur (alternativ Magerquark)
30 g Haferflocken (oder Müsli)
1 EL Chia-Samen
1 EL Saaten und Kerne nach Wahl (z. B. gehobelte Mandeln, Leinsamen, Kürbiskerne, Sonnenblumenkerne)

1. Beeren waschen und abtropfen lassen.
2. Apfel waschen, vierteln und in Scheiben schneiden.
3. Banane schälen und ca. $^{1}/_{3}$ davon in Scheiben schneiden (für das Topping). Restliche Banane in Stücken in den Mixtopf geben.
4. Von den Beeren ca. 50 g und ca. $^{1}/_{3}$ des Apfels für das Topping zurücklegen. Das restliche Obst zusammen mit Zitronensaft in den Mixtopf geben und **15 Sek./Stufe 6** pürieren.
5. Skyr hinzufügen und **10 Sek./Stufe 2** verrühren.
6. In Schälchen füllen und mit dem restlichen Obst, Haferflocken/Müsli, Chia-Samen und Saatenmix garnieren.

Tipp:

Mit Nüssen und Saaten nach Wahl bestreuen.

Suppen

Ohne Zuckerzusatz

Tomaten-Mozzarella-Suppe

Für 2 Portionen
Pro Portion: 247 kcal • 7,5 g KH • 16,6 g F • 14,5 g P
glutenfrei

1 Zwiebel
1 EL Öl, z. B. Olivenöl
1 Dose geschälte Tomaten (ca. 400 g)
500 g Gemüse- oder Rinderbrühe (bzw. 500 g Wasser und entsprechend Gemüsebrühepulver)
1 TL Tomatenmark
1 TL getrocknetes Basilikum (bzw. 1 EL frisches Basilikum, gehackt)
1 Kugel Mozzarella (ca. 125 g)
Salz
Pfeffer

1. Zwiebel abziehen, halbieren und im Mixtopf **5 Sek./Stufe 5** zerkleinern.
2. Öl hinzufügen und Zwiebelstücke **3 Min./Varoma/Stufe 1** andünsten.
3. Geschälte Tomaten, Brühe, Tomatenmark und Basilikum hinzufügen und **10 Min./100 °C/Stufe 2** köcheln lassen.
4. Währenddessen den Mozzarella abtropfen lassen und in kleine Würfel schneiden.
5. Nach 10 Min. Kochzeit die Suppe **30 Sek./Stufe 2–7** schrittweise ansteigend pürieren, mit Salz und Pfeffer abschmecken.
6. Die Mozzarellawürfel vor dem Servieren auf die noch heiße Suppe geben.

Tipp:

Mit frischem Basilikum servieren.

Ohne Zuckerzusatz

Minestrone mit weißen Bohnen

Für 2 Portionen

Pro Portion: 302 kcal • 32,9 g KH • 10,6 g F • 17 g P

vegetarisch, glutenfrei

½ Bund Petersilie
2 Zweige Salbei
1 Zwiebel
2 Knoblauchzehen
1 EL Öl, z. B. Olivenöl
2 Stangen Staudensellerie
2 Karotten
200 g Grünkohl oder Wirsing
1 Dose stückige Tomaten
1000 g Gemüsebrühe
250 g gekochte weiße Riesenbohnen (Dose)
Salz
Pfeffer
1 EL geriebener Parmesan

1. Petersilie waschen, trocken schütteln und im Mixtopf **3 Sek./Stufe 5** hacken, dann in eine Schüssel umfüllen.
2. Salbei waschen, trocken schütteln und in den Mixtopf geben.
3. Zwiebel und Knoblauchzehe abziehen, Zwiebel halbieren, mit der Knoblauchzehe in den Mixtopf hinzufügen und alles **4 Sek./Stufe 5** zerkleinern.
4. Öl in den Mixtopf geben und alles **3 Min./Varoma/Sanftrührstufe** andünsten.
5. Staudensellerie waschen und in Scheiben schneiden.
6. Karotten putzen, waschen, der Länge nach halbieren und dann in Stücke schneiden.
7. Grünkohl oder Wirsing putzen, waschen und in kleine Stücke schneiden.
8. Staudensellerie, Karotten, stückige Tomaten, Gemüsebrühe, abgetropfte Riesenbohnen und Grünkohl in den Mixtopf geben und **15 Min./100 °C/Linkslauf/Sanftrührstufe** köcheln lassen.
9. Die fertige Minestrone mit Salz und Pfeffer abschmecken, auf Teller verteilen und mit geriebenem Parmesan und Petersilie bestreut servieren.

Ohne Zuckerzusatz

Cremige Brokkoli-Sellerie-Suppe mit Feta

Für 2 Portionen
Pro Portion: 327 kcal • 8,6 g KH • 23,9 g F • 19,2 g P
vegetarisch, glutenfrei

2 Schalotten
1 Knoblauchzehe
1 EL Kokosöl
300 g Brokkoli
1 Stange Staudensellerie
500 ml Gemüsebrühe
100 g Feta
100 g griechischer Joghurt
Salz
Pfeffer

1. Schalotten und Knoblauch abziehen. Schalotten halbieren, mit dem Knoblauch in den Mixtopf geben und **4 Sek./Stufe 5** zerkleinern.
2. Kokosöl hinzufügen und alles **3 Min./Varoma/Sanftrührstufe** andünsten.
3. In der Zwischenzeit Brokkoli und Staudensellerie putzen, waschen und in kleine Stücke schneiden. In den Mixtopf geben und **3 Min./Varoma/Stufe 1** weiter dünsten.
4. Gemüsebrühe einwiegen und Suppe **12 Min./100 °C/Stufe 2** köcheln lassen. Danach aufsteigend **Stufe 2–8** pürieren.
5. Feta zerbröseln und mit dem Joghurt hinzugeben, danach Suppe noch mal **10 Sek./Stufe 2–8** aufsteigend pürieren.
6. Mit Salz und Pfeffer abschmecken.

Tipp:

Mit frischer Minze und gehackten Haselnüssen servieren.

Beeriger Blattspinat-Salat

Für 2 Portionen
Pro Portion: 229 kcal • 14,7 g KH • 8,3 g F • 20 g P
vegetarisch, glutenfrei

400 g frischer Blattspinat (oder Salat nach Wahl)
100 g Brombeeren
50 g weiße Johannisbeeren
50 g Physalis
100 g fettreduzierter Hirtenkäse
4 Stängel Basilikum
150 g Sojajoghurt, Natur
2 EL Essig, z. B. weißer Balsamico
Salz
Pfeffer

1. Blattspinat waschen, verlesen und abtropfen lassen. Beeren waschen, entstielen und abtropfen lassen. Die Blätter der Physalis entfernen, Früchte waschen und abtrocknen.
2. Hirtenkäse in kleine Stücke schneiden und zusammen mit Blattspinat, Beeren und Physalis in eine Schüssel geben.
3. Basilikum waschen, trocken schütteln und klein zupfen. Mixtopf einsetzen und das Messer **5 Sek./Stufe 6** laufen lassen. Basilikum durch die Mixtopf-Öffnung einrieseln lassen und zerkleinern.
4. Joghurt zum Basilikum in den Mixtopf einwiegen, Essig, Salz und Pfeffer hinzufügen und in **10 Sek./Stufe 5** zu einem Dressing mixen.
5. Den Salat mit dem Dressing anrichten und genießen.

Ohne Zuckerzusatz

Avocado-Lachs-Salat

Für 1 Portion
Pro Portion: 479 kcal • 13,3 g KH • 31,6 g F • 32,8 g P
glutenfrei

Für den Salat:
100 g Blattsalat
⅓ Salatgurke
½ Avocado
100 g geräucherter Lachs
8 g Pinienkerne

Für das Dressing:
1 Knoblauchzehe
75 g Magerquark
1 Schuss Milch
etwas getrockneter Dill
Salz
Pfeffer

1. Den Salat verlesen, waschen, trocken schütteln und in mundgerechte Stücke zupfen.
2. Gurke schälen, Avocado halbieren, entkernen und Fruchtfleisch aus der Schale heben. Gurke klein schneiden, Avocado in Scheiben schneiden, Lachs in Stücke schneiden.
3. In einer Pfanne ohne Öl die Pinienkerne anrösten und dann mit den vorbereiteten Zutaten in eine Schüssel geben und vermischen.
4. Knoblauch abziehen und in den Mixtopf geben, **3 Sek./Stufe 5** zerkleinern.
5. Restliche Zutaten für das Dressing hinzufügen und **15 Sek./Stufe 2** vermischen, evtl. nochmals mit Gewürzen abschmecken. Dressing mit dem Salat vermischen.

Ohne Zuckerzusatz

Zucchinisalat mit Schafskäse, Oliven und Pinienkernen

Für 2 Portionen
Pro Portion: 598 kcal • 16,5 g KH • 49,2 g F • 17,5 g P
vegetarisch, glutenfrei

2 Zucchini
100 g Schafskäse
80 g schwarze Oliven, entsteint
3 Stängel Petersilie
(oder 1 TL TK-Petersilie bzw. ½ TL getrocknete Petersilie)
6 getrocknete Tomaten
4 EL Öl, z. B. Olivenöl
3 EL Zitronensaft
40 g Pinienkerne

1. Zucchini putzen, waschen, mit einem Sparschäler in dünne Streifen schneiden und in eine Schüssel geben.
2. Schafskäse in kleine Würfel schneiden und zusammen mit den Oliven zu den Zucchinistreifen geben.
3. Petersilie waschen, trocken schütteln und klein zupfen. Trockenen Mixtopf einsetzen und das Messer **10 Sek./Stufe 6** laufen lassen. Erst die Petersilie und dann die getrockneten Tomaten durch die Mixtopf-Öffnung einrieseln lassen und zerkleinern. Öl und Zitronensaft einfüllen und **5 Sek./Linkslauf/Stufe 1** vermischen.
4. Pinienkerne in einer Pfanne ohne Öl bei mittlerer Hitze anrösten, bis sie leicht braun sind.
5. Dressing über den Salat geben und alles gut vermischen. Geröstete Pinienkerne über den Salat streuen.

Hauptspeisen mit Hähnchen

Kürbis-Hähnchen-Topf

Ohne Zuckerzusatz

Für 2 Portionen
Pro Portion: 313 kcal • 33,1 g KH • 4,7 F • 33,4 g P
glutenfrei

250 g Hähnchenbrust
¼ Hokkaido-Kürbis oder ½ Butternut-Kürbis
3 kleine Kartoffeln
1 Zwiebel
1 Knoblauchzehe
1 TL Öl, z. B. Olivenöl
500 g Gemüsebrühe
(Kräuter-)Salz
Pfeffer
½ TL Kurkuma (oder Currypulver)

1. Hähnchenbrustfilet säubern und in Streifen schneiden.
2. Kürbis schälen, entkernen und würfeln. Kartoffeln waschen, schälen und in Würfel schneiden.
3. Zwiebel und Knoblauch abziehen, Zwiebel halbieren. Zwiebel und Knoblauch in den Mixtopf geben und **3 Sek./Stufe 5** zerkleinern. Öl zugeben und zerkleinertes Gemüse **3 Min./Varoma/Sanftrührstufe** andünsten.
4. Hähnchenfleisch, Kürbis- und Kartoffelwürfel hinzufügen und **8 Min./Varoma/Linkslauf/Sanftrührstufe** dünsten. Gemüsebrühe einwiegen, Gewürze hinzufügen und alles in **12 Min./Varoma/Linkslauf/Stufe 1** fertig kochen.

Tipp:

Mit frischer Minze servieren.

Ohne Zuckerzusatz

Asia-Hähnchen-Gemüse-Mix mit Blumenkohlreis

Für 4 Portionen
Pro Portion Blumenkohlreis: 71 kcal • 5,9 g KH • 0,8 g F • 6,2 g P
Pro Portion Asiapfanne: 332 kcal • 10,9 g KH • 14 g F • 38 g P
glutenfrei

- 1 kg Blumenkohl
- 1 Karotte
- 1 rote Paprika
- 1 Chilischote
- 300 g weiße Champignons
- 250 g Brokkoli
- 300 g Weißkohl
- 500 g Hähnchenbrust
- 750 g Gemüsebrühe
- 1 Schalotte
- 1 Knoblauchzehe
- 1 EL Olivenöl
- 200 g Kokosmilch
- 30 g Erdnussbutter
- Salz
- Pfeffer

1. Blumenkohl waschen, trocken tupfen und in Röschen teilen. In den Mixtopf geben und **2 Sek./Stufe 6** zu Reisgröße verarbeiten. Evtl. noch mal kurz auf **Stufe 6** einschalten, falls der Blumenkohl zu grob ist oder große Stücke enthält. In eine Schüssel umfüllen.
2. Karotte waschen, schälen und klein würfeln. Paprika und Chili putzen, waschen und in kleine Stücke schneiden.
3. Champignons säubern und achteln.
4. Brokkoli putzen, waschen und in mundgerechte Stücke schneiden.
5. Strunk des Weißkohls entfernen, Blätter waschen und in dünne Streifen schneiden.
6. Hähnchenfleisch abbrausen, mit einem Küchenpapier trocken tupfen und klein schneiden.
7. Paprika-, Karotten- und Weißkohlstücke zusammen mit dem Hähnchenfleisch in Varoma und Varomaeinlegeboden verteilen. Gemüsebrühe in den Mixtopf füllen und Varoma aufsetzen, **10 Min./Varoma/Stufe 2** vorgaren. Varoma absetzen, Gemüsebrühe in eine Schüssel umfüllen.
8. Schalotte und Knoblauch abziehen, Schalotte halbieren, beides in den Mixtopf geben und **3 Sek./Stufe 5** hacken. Olivenöl hinzufügen und gehacktes Gemüse **3 Min./Varoma/Sanftrührstufe** andünsten.
9. Vorgegartes Hähnchenfleisch hinzugeben und **3 Min./Varoma/Linkslauf/Sanftrührstufe** weiter dünsten.
10. Karotte, Paprika, Chili, Champignons, Brokkoli und Weißkohl in den Mixtopf füllen, Kokosmilch einwiegen, 200 g Gemüsebrühe/Garwasser, Erdnussbutter, Salz und Pfeffer hinzufügen. Blumenkohlreis im Varoma und Varomaeinlegeboden verteilen und alles **10 Min./Varoma/Linkslauf/Stufe 1** garen.
11. Varoma absetzen, Asia-Hähnchen-Gemüse-Mix nochmals abschmecken und danach zusammen mit Blumenkohlreis servieren.

Mit Zuckerersatz

Chicken-Nuggets mit Curry-Dip

Für 2 Portionen
Pro Portion Nuggets: 475 kcal • 1,5 g KH • 22,5 g F • 64,8 g P
Pro Portion Dip: 134 kcal • 3,7 g KH • 11,8 g F • 2,9 g P
glutenfrei

Für die Nuggets:
400 g Hähnchenbrustfilet
60 g Parmesan
40 g Mandeln
½ TL Kurkuma
1 Ei
Salz
Pfeffer
etwas Pflanzenöl zum Braten

Für den Dip:
75 ml Sahne
75 ml Joghurt (1,5 % Fett)
1 EL Currypulver
1 TL Kurkuma
1 Prise Xylit oder Erythrit
Salz
Pfeffer

1. Hähnchenbrustfilet waschen, mit einem Küchenpapier abtupfen und in mundgerechte Stücke schneiden.
2. Parmesan, Mandeln und Kurkuma in den Mixtopf geben und **5 Sek./Stufe 8** zerkleinern, evtl. mit dem Spatel noch mal alles nach unten schieben und Vorgang wiederholen, bis die Mischung die richtige Konsistenz hat. In einen tiefen Teller umfüllen. Mixtopf säubern, kühl ausspülen und austrocknen.
3. In einem weiteren Teller das Ei verquirlen und mit Salz und Pfeffer würzen. Die Fleischstücke zuerst in Ei, danach in der Parmesan-Mandel-Mischung wälzen.
4. In einer Pfanne etwas Öl erhitzen. Die panierten Nuggets in die Pfanne geben und von beiden Seiten ca. 5 Min. anbraten.
5. Für den Dip Sahne in den fettfreien, kühlen Mixtopf geben, Rühraufsatz (Schmetterling) einsetzen und Sahne auf Stufe 3 (auf Sicht) steif schlagen (ca. 1–2 Min.). Restliche Dip-Zutaten mit dem Spatel oder **15 Sek./Sanftrührstufe** unterheben.
6. Chicken Nuggets mit Curry-Dip servieren.

Ohne Zuckerzusatz

Hähnchen-Bruschetta

Für 2 Portionen
Pro Portion: 350 kcal • 4,7 g KH • 12,6 g F • 53,6 g P
glutenfrei

400 g Hähnchenbrust
Salz, Pfeffer
1 EL + 1 TL Öl, z. B. Olivenöl
1 Zwiebel
1 Knoblauchzehe
2 Tomaten
etwas getrockneter Oregano
½ Kugel Mozzarella

1. Hähnchenbrust abspülen und mit Küchenpapier trocken tupfen. Mit Salz und Pfeffer würzen.
2. 1 EL Öl in einer Pfanne erhitzen und die Hähnchenbrust darin scharf anbraten und dann bei mittlerer Hitze ca. 10 Min. durchgaren.
3. In der Zwischenzeit Zwiebel und Knoblauch abziehen, Zwiebel halbieren, beides in den Mixtopf geben und **5 Sek./Stufe 5** zerkleinern.
4. Die Tomaten waschen und in kleine Würfel schneiden. Zusammen mit Salz, Pfeffer, Oregano und 1 TL Öl in den Mixtopf hinzufügen und **10 Sek./Linkslauf/Stufe 1** vermischen. Sollen die Tomaten feiner sein: vierteln, zu Zwiebeln und Knoblauch geben und **1–2 Sek./Stufe 4** zerkleinern.
5. Sobald die Hähnchenbrust durchgegart ist, die marinierte Tomatenmasse darauf verteilen.
6. Mozzarella abtropfen lassen, in Scheiben schneiden und die Hähnchen-Bruschetta damit belegen.
7. Herd ausschalten, evtl. einen Deckel auf die Pfanne geben und alles noch 1–2 Min. durchziehen lassen.

Tipp:

Mit Oregano bestreut servieren.

Hauptspeisen mit Fleisch und Wurst

Kohlrabi-Hack-Auflauf

Ohne Zuckerzusatz

Für 4 Portionen

Pro Portion: 410 kcal • 14,9 g KH • 22 g F • 33 g P

glutenfrei

100 g Käse, z. B. Emmentaler
4 große Kohlrabi (etwa 1 kg)
1 Zwiebel
1 TL Öl, z. B. Olivenöl
400 g Hackfleisch, z. B. vom Rind
500 g passierte Tomaten
Salz
Pfeffer
etwas getrockneter Oregano
etwas Knoblauchpulver

1. Backofen auf 180 °C Umluft vorheizen.
2. Käse in groben Stücken in den Mixtopf geben und **5 Sek./Stufe 8** zerkleinern, dann in eine Schüssel umfüllen. Kohlrabis schälen und in Stifte schneiden.
3. Zwiebel abziehen, halbieren, in den Mixtopf geben **5 Sek./Stufe 5** zerkleinern. Öl hinzufügen und Zwiebel **3 Min./Varoma/Stufe 1** andünsten. Hackfleisch dazugeben und **5 Min./Varoma/Linkslauf/Sanftrührstufe** dünsten.
4. Kohlrabistifte und Hackfleisch in einer gefetteten Auflaufform verteilen.
5. Passierte Tomaten und Gewürze in den Mixtopf geben und **10 Sek./Stufe 4** vermischen. Die Tomatensoße über Hackfleisch und Kohlrabistifte in die Auflaufform gießen und alles vermengen. Mit Käse bestreuen, in den Ofen schieben und 25–30 Min. backen.

Ohne Zuckerzusatz

Hackbällchen in Tomatensoße mit Blumenkohlpüree

Für 2 Portionen

Pro Portion: 480 kcal • 15,6 g KH • 27,5 g F • 35 g P

glutenfrei

20 g Parmesan
5 Stängel Petersilie
1 Zwiebel
1 Knoblauchzehe
200 g gemischtes Hackfleisch
1 Ei
1 EL Tomatenmark
1 TL mittelscharfer Senf
Salz, Pfeffer, Paprikapulver edelsüß
500 g Blumenkohl
500 g Wasser
1 TL Öl, z. B. Olivenöl
400 g gehackte Tomaten (1 Dose)
1 TL Gemüsebrühepulver
1 TL Halbfettbutter
Muskatnuss, gemahlen

1. Parmesan in den Mixtopf geben, **5 Sek./Stufe 7** zerkleinern und in eine Schüssel umfüllen.
2. Petersilie waschen, trocken schütteln und klein zupfen. Mixtopf einsetzen und das Messer **5 Sek./Stufe 6** laufen lassen. Die Petersilie durch die Mixtopf-Öffnung einrieseln lassen und zerkleinern.
3. Zwiebel und Knoblauch abziehen, Zwiebel halbieren, beides in den Mixtopf hinzufügen und **5 Sek./Stufe 5** zerkleinern. Die Hälfte der gehackten Zwiebel-Knoblauch-Petersilienmischung herausnehmen und in eine Schüssel umfüllen für die Soße. Den Rest im Mixtopf belassen.
4. Hackfleisch, Parmesan, Ei, Tomatenmark, Senf und Gewürze hinzufügen und **30 Sek./Knetmodus** vermengen. Aus der Masse kleine Bällchen formen. Mixtopf säubern.
5. Blumenkohl putzen, waschen und in Röschen teilen, evtl. noch etwas kleiner schneiden, das verkürzt die Garzeit. Wasser und 1 Prise Salz in den Mixtopf geben. Blumenkohlröschen in den Varoma-Einlegeboden geben, und den geschlossenen Varoma auf den Mixtopf setzen. Für **25 Min./Varoma/Stufe 1** garen.
6. Nach ca. 10 Min. Garzeit des Blumenkohls Öl in einer Pfanne erhitzen und die Hackbällchen darin von allen Seiten scharf anbraten.
7. Gehackte Tomaten, restliche gehackte Zwiebel-Knoblauch-Petersilienmischung, Gemüsebrühepulver, Salz, Pfeffer und Paprikapulver zu den Hackbällchen in die Pfanne geben. 15 Min. bei mittlerer Temperatur köcheln lassen (am besten mit einem Deckel abgedeckt).
8. Wasser aus dem Mixtopf wegschütten und gegarten Blumenkohl hineingeben, Butter einwiegen und Blumenkohl **15 Sek./Stufe 8** pürieren. Mit Salz und Muskatnuss abschmecken.
9. Hackbällchen mit Soße und Blumenkohlpüree anrichten.

Ohne Zuckerzusatz

Spaghetti bolognese

Für 2 Portionen
Pro Portion: 340 kcal • 14,5 g KH • 23,5 g F • 14,6 g P
glutenfrei

1 mittelgroße lange Zucchini (ca. 200 g)
1 lange Karotte
2 Tomaten
½ Zwiebel
1 EL Öl, z. B. Olivenöl
100 g Hackfleisch
1 EL Tomatenmark
120 g passierte Tomaten (aus der Dose)
Paprikapulver, edelsüß
Salz
Pfeffer
Chilipulver
50 ml Sahne oder Milch
optional geriebener Käse oder Parmesan zum Bestreuen

1. Zucchini und Karotte putzen, waschen und mit einem Spiralschneider in Spaghettiform schneiden und im Varoma verteilen.
2. Tomaten waschen, Stielansatz entfernen und Fruchtfleisch in Würfel schneiden.
3. Zwiebel abziehen, halbieren und in den Mixtopf geben, **5 Sek./Stufe 5** zerkleinern. Öl in den Mixtopf hinzufügen und Zwiebelstücke **3 Min./Varoma/Sanftrührstufe** andünsten.
4. Hackfleisch hinzugeben und **5 Min./Varoma/Linkslauf/Stufe 1** mit dünsten.
5. Tomatenmark, passierte Tomaten, Tomatenwürfel, Gewürze und Sahne in den Mixtopf geben, Varoma aufsetzen und alles **6 Min./Varoma/Linkslauf/Sanftrührstufe** garen.
6. Varoma absetzen, Gemüse-Spaghetti auf Teller anrichten und Soße darübergeben. Nach Belieben mit Käse oder Parmesan bestreuen.

Mit Zuckerersatz (wg. Ketchup)

Burger

1 Riesen-Burger für 2 Portionen
Pro Portion: 373 kcal • 8,1 g KH • 23,3 g F • 32,9 g P
glutenfrei

Für die Brötchen:
3 Eiweiß
1 Prise Salz
100 g Quark
1 Eigelb
evtl. Sesam und Kräuter zum Bestreuen

Für das Fleisch:
1 Zwiebel
1 kleine Knoblauchzehe
1 Ei
150 g Hackfleisch
Salz
Pfeffer
Paprikapulver, edelsüß
1 EL Öl

Für den Belag:
2 Scheiben Schmelzkäse
20 g Salat
2 Tomaten
2 EL Ketchup (siehe Seite 102)

1. Den Backofen auf 150 °C Ober-/Unterhitze vorheizen.
2. Eiweiße in den fettfreien Mixtopf geben, Rühraufsatz (Schmetterling) einlegen und **2–3 Min./Stufe 3** (auf Sicht) steif schlagen. Nach dem ersten Rühren 1 Prise Salz durch die Mixtopföffnung einrieseln lassen. Rühraufsatz (Schmetterling) herausnehmen, Eischnee in eine Schüssel umfüllen.
3. Quark und Eigelb in den Mixtopf geben und **10 Sek./Stufe 3** vermischen. Eischnee vorsichtig mit dem Spatel unter die Quark-Eimasse heben.
4. Mithilfe eines Löffels auf einem mit Backpapier ausgelegten Blech 3 mittelgroße Häufchen setzen. Nach Belieben ein Häufchen mit etwas Sesam oder Kräutern bestreuen (das wird der Burger-Deckel). Mixtopf säubern.
5. Das Blech für 20–25 Min. in den Ofen geben. Backvorgang ständig kontrollieren, da die Brötchen schnell zu dunkel werden können.
6. Die Burger-Brötchen nach der Backzeit aus dem Ofen holen und abkühlen lassen. Es ist normal, dass die Brötchen etwas zusammenfallen.
7. Während der Burger-Backzeit die Frikadellen vorbereiten. Dazu Zwiebel und Knoblauch abziehen, Zwiebel halbieren, alles in den Mixtopf geben und **5 Sek./Stufe 5** zerkleinern.
8. Ei, Hackfleisch und Gewürze hinzufügen **30 Sek./Knetstufe** vermengen. Aus der Fleischmasse 2 flache Burger-Frikadellen formen.
9. In einer beschichteten Pfanne Öl erhitzen und die Frikadellen darin von beiden Seiten gar braten.
10. Sobald sie fertig gebraten sind, die Restwärme der Pfanne noch ausnutzen und jeweils 1 Scheibe Käse auf 1 Frikadelle legen und schmelzen lassen.
11. Salat waschen und trocken schütteln, Tomaten waschen und in Scheiben schneiden.
12. Burger-Brötchen mit einer Frikadelle mit Käse, etwas Salat, Ketchup und Tomatenscheiben belegen.
13. Nun das nächste Brötchen auflegen und wieder den Belag darauf stapeln.
14. Am Ende den Burger-Deckel (mit Kräutern oder Sesam) obenauf setzen.

Ohne Zucker-zusatz

Brokkolinudeln mit Brokkoli-Käse-Soße

Für 2 Portionen
Pro Portion: 434 kcal • 11,6 g KH • 32,4 g F • 19,7 g P
glutenfrei

1 Brokkoli
500 g Gemüsebrühe
1 Zwiebel
1 EL Öl
80 g Katenschinken
150 ml Sahne
Salz
Pfeffer

1. Brokkoli waschen, putzen und Röschen abschneiden (am besten so, dass so viel wie möglich vom Strunk übrig bleibt).
2. Strunk durch den Julienne-Schneider/Spiralschneider drehen und in einer Schüssel zur Seite stellen. Evtl. übrig bleibende Reste klein schneiden. Brokkoliröschen in mundgerechte Stücke schneiden. Den ganzen Brokkoli in Varoma und Varomaeinlegeboden verteilen.
3. Gemüsebrühe in den Mixtopf einwiegen, Varoma aufsetzen und **12 Min./Varoma/Stufe 2** garen. Varoma absetzen und Gemüsebrühe ausgießen.
4. Zwiebel abziehen, halbieren, in den Mixtopf geben **5 Sek./Stufe 5** zerkleinern.
5. Öl und klein geschnittenen Katenschinken hinzufügen und **3 Min./Varoma/Linkslauf/Sanftrührstufe** andünsten.
6. Sahne und Gewürze hinzufügen und **2 Min./100 °C/Stufe 1** aufkochen.
7. Brokkolistücke hinzufügen und **5 Min./100 °C/Linkslauf/Sanftrührstufe** fertig kochen.

Ohne Zuckerzusatz

Auberginen-Mozzarella-Röllchen

Für 2 Portionen
Pro Portion: 562 kcal • 10,2 g KH • 37,3 g F • 40 g P
glutenfrei

1 Zwiebel
1 EL Öl
250 g Hackfleisch
1 Dose stückige Tomaten (ca. 400 g)
1 TL Gemüsebrühepulver
Salz
Pfeffer
1 Aubergine
1 Kugel Mozzarella (ca. 125 g)
Zahnstocher oder Holzspieße

1. Zwiebel abziehen, halbieren, in den Mixtopf geben und **5 Sek./Stufe 5** zerkleinern.
2. Öl und Hackfleisch hinzufügen und **2 Min./Varoma/Linkslauf/Sanftrührstufe** andünsten.
3. Stückige Tomaten, Gemüsebrühepulver, Salz und Pfeffer dazugeben und alles **3 Min./100 °C/Linkslauf/Stufe 1** aufkochen.
4. Währenddessen die Aubergine putzen, waschen und längs in 2–3 mm dicke Scheiben hobeln.
5. Mozzarella abtropfen lassen und für jede Auberginenscheibe ein Stück Mozzarella abschneiden.
6. Die Mozzarellastücke in die Auberginenscheiben einrollen und die Röllchen mit einem Zahnstocher oder Holzspieß fixieren.
7. Die Hackfleisch-Tomaten-Soße in eine Pfanne umfüllen, die Auberginenröllchen hinzufügen und bei mittlerer Hitze am besten mit geschlossenem Deckel ca. 10 Min. köcheln lassen.

Tipp:

Mit frischem Basilikum garnieren.

Hauptspeisen mit Fisch und Garnelen

Lachsomelett

Ohne Zuckerzusatz

Für 2 Portionen
Pro Portion: 286 kcal • 3,8 g KH • 18,8 g F • 23,1 g P
glutenfrei

50 g Mozzarella
3 kleine Eier
40 g Milch
Salz
Pfeffer
Muskatnuss gemahlen
1 EL Öl zum Braten, z. B. Rapsöl
60 g Tomaten
85 g geräucherter Lachs

1. Abetropften Mozzarella in den Mixtopf geben und **5 Sek./Stufe 5** zerkleinern, in eine Schüssel umfüllen.
2. Eier, Milch und Gewürze in den Mixtopf geben und **15 Sek./Stufe 3** verquirlen.
3. Öl in eine Pfanne geben und erhitzen, Eimasse einfüllen, die Pfanne mit einem Deckel verschließen und Ei auf mittlerer Hitze etwa 5 Min. braten lassen.
4. Tomaten waschen, putzen und klein würfeln. Lachs in kleine Stücke schneiden.
5. Mozzarella, Tomaten und Lachs auf dem Omelett verteilen, Pfanne wieder mit Deckel verschließen und Ei in ca. 10 Min. fertig garen.

Tipp:

Mit frischen Kräutern oder Kräuterquark servieren.

Ohne Zuckerzusatz

Fisch mit Gemüsekruste

Für 2 Portionen
Pro Portion: 201 kcal • 8,6 g KH • 6,1 g F • 25,4 g P
glutenfrei

1 rote Paprika
1 Karotte
1 Zwiebel
1 TL Olivenöl
300 g Rotbarschfilet
1 EL Zitronensaft
Salz, Pfeffer
Öl zum Fetten der Auflaufform

1. Backofen auf 200 °C Ober-/Unterhitze vorheizen.
2. Paprika waschen, putzen und in grobe Stücke schneiden. Karotte waschen, schälen und in 3 cm lange Stücke schneiden. Zwiebel abziehen, halbieren.
3. Paprika-, Karotten- und Zwiebelstücke mit Olivenöl in den Mixtopf geben und **10 Sek./Stufe 6** zerkleinern. Evtl. mit Spatel nach unten schieben und Vorgang wiederholen, bis die gewünschte Größe erreicht ist.
4. Fischfilets waschen, trocken tupfen. Mit Zitronensaft, Salz und Pfeffer würzen.
5. Fischfilets in eine gefettete Auflaufform geben und die Gemüseraspel darauf verteilen, etwas andrücken und nochmals würzen. Auflaufform in den Backofen schieben und 20–25 Min. backen.

Tipp:

Mit frischen Kräutern oder Kräuterquark servieren.

Ohne Zuckerzusatz

Blumisotto mit Garnelen

Für 2 Portionen
Pro Portion: 308 kcal • 9,3 g KH • 18,3 g F • 22,1 g P
glutenfrei

250 g TK-Spinat
500 g Blumenkohl
1 EL Öl, z. B. Olivenöl
100 g Sahne
150 g Gemüsebrühe
Salz
Pfeffer
etwas getrockneter Rosmarin
200 g gekochte Garnelen, verzehrfertig

1. TK-Spinat in den Mixtopf füllen und **3 Sek./Stufe 6** zerkleinern, dann in eine Schüssel umfüllen. Mixtopf säubern.
2. Blumenkohl waschen, putzen, trocken tupfen und in Röschen teilen. In den Mixtopf geben und **2 Sek./Stufe 6** zu Reisgröße verarbeiten. Evtl. kurz auf Stufe 6 schalten, falls der Blumenkohl zu grob ist oder große Stücke bleiben.
3. Öl in den Mixtopf geben und Blumenkohl **3 Min./Varoma/Linkslauf/Sanftrührstufe** andünsten.
4. Spinat, Sahne, Gemüsebrühe, Salz, Pfeffer und Rosmarin hinzufügen und **5 Min./100 °C/Linkslauf/Stufe 0,5** aufkochen.
5. Garnelen in den Varoma geben, Varoma aufsetzen und alles **5 Min./Varoma/Linkslauf/Sanftrührstufe** fertig garen.
6. Zum Schluss nochmal abschmecken und Blumisotto mit Garnelen anrichten.

Tipp:

Beim Servieren etwas Parmesan dazugeben.

Ohne Zuckerzusatz

Lachs mit Zucchininudeln und Sahnesoße

Für 2 Portionen
Pro Portion: 520 kcal • 4,9 g KH • 42,4 g F • 28,6 g P
glutenfrei

2 Lachsfilets (ca. 250 g)
4 Zweige frischer Thymian (oder 1 TL TK-Thymian bzw. ½ TL getrockneter Thymian)
1 EL Öl, z. B. Olivenöl
100 g Sahne
100 g Wasser
1 EL Zitronensaft
½ TL Gemüsebrühepulver
Salz
Pfeffer
1 mittelgroße Zucchini

1. Lachs waschen und mit Küchenpapier trocken tupfen.
2. Thymian waschen und trocken schütteln.
3. Öl und Thymian in eine Pfanne geben und Lachs darin erst von beiden Seiten scharf anbraten, danach bei mittlerer Hitze 8–10 Min. durchgaren lassen.
4. Währenddessen Sahne, Wasser, Zitronensaft, Gemüsebrühepulver, Salz und Pfeffer in den Mixtopf füllen und **7 Min./100 °C/Stufe 3** köcheln lassen. Falls die Sahnesoße zu dickflüssig wird, noch etwas Wasser nachgießen.
5. Zucchini waschen, putzen und mit einem Spiralschneider in Nudelform schneiden.
6. Zucchininudeln zur Sahnesoße in den Mixtopf geben und **3 Min./100 °C/Linkslauf/Stufe 1** köcheln lassen (je nachdem, wie bissfest oder weich man die Zucchininudeln möchte, Garzeit evtl. verlängern). Mit Salz und Pfeffer abschmecken.
7. Zucchininudeln mit Sahnesoße und Lachsfilets auf zwei Teller verteilen und servieren.

Ohne Zuckerzusatz

Fischfrikadellen mit Meerrettich-Dill-Dip

Für 2 Portionen
Pro Portion: 323 kcal • 12,2 g KH • 7,3 g F • 50,9 g P

3 Stängel Petersilie
400 g Seelachsfilet
2 EL Paniermehl
1 Ei
1 TL mittelscharfer Senf
Salz
Pfeffer
1 TL Öl, z. B. Olivenöl
200 g Magerquark
1 EL Mineralwasser
1 TL Meerrettich
1 TL TK-Dillspitzen

1. Petersilie waschen, trocken schütteln und kleinzupfen. Trockenen Mixtopf einsetzen und das Messer **5 Sek./Stufe 6** laufen lassen. Die Petersilie durch die Mixtopf-Öffnung einrieseln lassen und zerkleinern.
2. Seelachsfilet in den Mixtopf hinzufügen und **10 Sek./Stufe 6** zerkleinern.
3. Paniermehl, Ei, Senf, Salz und Pfeffer hinzufügen und alles **30 Sek./Linkslauf/Stufe 1** vermengen.
4. Aus der Masse kleine Frikadellen formen und diese in einer Pfanne mit heißem Öl von beiden Seiten goldbraun braten. Mixtopf säubern.
5. Magerquark einwiegen, Mineralwasser, Meerrettich und Dill hinzufügen und **15 Sek./Stufe 4** aufrühren.
6. Fischfrikadellen mit Quarksoße anrichten und servieren.

Hauptspeisen vegetarisch und vegan

Auberginen-Parmesan-Piccolinis

Ohne Zuckerzusatz

Für 2 Portionen
Pro Portion: 387 kcal • 8,8 g KH • 26,6 g F • 29,2 g P
vegetarisch, glutenfrei

2 Auberginen
1 EL Öl
Salz
Pfeffer
10 Cherrytomaten
150 g Parmesan

1. Backofen auf 180 °C Umluft vorheizen.
2. Auberginen waschen, putzen, abtrocknen und in dünne Scheiben schneiden.
3. Auf einem mit Backpapier ausgelegten Backblech verteilen. Die Auberginenscheiben mit Olivenöl bepinseln, salzen und pfeffern.
4. Tomaten waschen, abtrocknen und in Scheiben schneiden. Die Tomatenscheiben auf die Auberginenscheiben legen.
5. Parmesan in groben Stücken in den Mixtopf füllen und **10 Sek./Stufe 10** zerkleinern. Über die Piccolinis streuen.
6. Blech mit den Piccolinis in den Ofen schieben und diese ca. 10 Min. backen.

Ohne Zuckerzusatz

Pizza mit Blumenkohlboden

Für 2 Portionen

Pro Portion: 531 kcal • 11,9 g KH • 34 g F • 38 g P

vegetarisch, glutenfrei

Für den Boden:

150 g Käse, z. B. Emmentaler
400 g Blumenkohlröschen
2 Eier
1 TL Salz
etwas Öl zum Bestreichen

Für den Belag:

600 g Wasser
150 g grüner Spargel
1 EL Butter
100 g frischer Blattspinat
100 g Zucchini
1 Knoblauchzehe
120 g passierte Tomaten (aus der Dose)
5 g Tomatenmark
Salz
Pfeffer
frische Kräuter nach Belieben, z. B. Oregano, Thymian, Basilikum

1. Backofen auf 220 °C Ober-/Unterhitze vorheizen.
2. Käse in Stücken in den Mixtopf geben und **10 Sek./Stufe 7** zerkleinern, in eine Schüssel umfüllen.
3. Blumenkohl waschen, trocken tupfen und in Röschen teilen. In den Mixtopf geben und **5 Sek./Stufe 6** zu Reisgröße verarbeiten. Evtl. noch mal kurz auf Stufe 6 einschalten, falls der Blumenkohl noch zu grob ist.
4. Eier, Käse und Salz hinzufügen und **20 Sek./Linkslauf/Stufe 2** vermischen.
5. Ein Backblech mit Backpapier auslegen und dort, wo die Pizza aufgesetzt wird, mit etwas Öl bepinseln. Teig kreisförmig auf das Backpapier geben. Der Boden sollte 0,5–1 cm dick sein. Die Oberfläche des Bodens noch mit etwas Öl bepinseln, um die Bräunung zu unterstützen. Mixtopf säubern. Den Pizzaboden im Ofen 25–30 Min. vorbacken, bis er schön braun ist.
6. Währenddessen den Belag und die Tomatensoße vorbereiten. Dazu Spargel waschen und ca. 2 cm an den Enden abschneiden. Eventuell noch an den Enden schälen. Normalerweise ist das bei grünem Spargel allerdings nicht nötig. Die Stangen in Varoma und Varomaeinlegeboden locker verteilen. Wasser und 1 Prise Salz in den Mixtopf geben, Mixtopfdeckel schließen, Varoma aufsetzen und **20 Min./Varoma/Stufe 2** garen. Danach Varoma absetzen, Garwasser ausgießen und Spargel abkühlen lassen.
7. Blattspinat waschen und abtropfen lassen. Zucchini putzen, waschen und in dünne Scheiben hobeln.
8. Für die Soße Knoblauch abziehen und in den Mixtopf geben. Passierte Tomaten, Tomatenmark, Knoblauch, Gewürze und gewaschene Kräuter hinzufügen und **15 Sek./Stufe 6** mixen.
9. Den vorgebackenen Pizzaboden aus dem Ofen nehmen, die Soße auftragen und die Pizza mit Zucchinischeiben, Spargel und Spinat belegen. Anschließend 10 Min. im Ofen fertigbacken.

Tipp:

Der Blumenkohlboden kann vielfältig belegt werden und hat nur 5,5 g KH pro Portion! Das Grundrezept des Bodens für 2 Portionen weist folgende Nährwerte pro Portion auf: 436 kcal/5,5 g KH/29,3 g F/33,2 g P.

Mit Zucker-ersatz

Gnocchi mit fruchtiger Tomatensoße

Für 2 Portionen

Pro Portion: 386 kcal • 13,5 g KH • 18 g F • 38,6 g P

vegetarisch, glutenfrei

Für den Teig:

2 Eier
350 g Magerquark
Salz
6 EL Guarkernmehl + etwas zum Bestäuben

Für die Soße:

150 g Cocktailtomaten
1 kleine Zwiebel
1 Knoblauchzehe
½ Bund frisches Basilikum
1 EL Olivenöl
1 EL Tomatenmark
50 g Gemüsebrühe
Salz
Pfeffer
1 Prise Erythrit
40 g gehobelter Parmesan

1. Für den Teig Eier, Magerquark, etwas Salz und Guarkernmehl in den Mixtopf geben und **20 Sek./Stufe 2** vermengen und in eine Schüssel umfüllen. Mixtopf säubern. Teig ca. 20 Min. quellen lassen, er sollte zäh, aber nicht zu klebrig sein.
2. Während der Quellzeit Tomaten waschen und halbieren.
3. Zwiebel und Knoblauch abziehen, Basilikum waschen und trocken schütteln. Zwiebel, Knoblauch und Basilikum in den Mixtopf geben und **5 Sek./Stufe 5** hacken.
4. Olivenöl und Tomatenmark hinzufügen und **3 Min./Varoma/Sanftrührstufe** andünsten.
5. Cocktailtomaten und Gemüsebrühe hinzufügen, mit Salz, Pfeffer und Erythrit würzen und **10 Min./100 °C/ Linkslauf/Stufe 1** köcheln lassen.
6. Salzwasser in einem großen Topf zum Kochen bringen.
7. Die Arbeitsfläche mit Guarkernmehl bestäuben und den Teig nach der Ruhezeit kurz durchkneten. Kleine Bällchen daraus formen und in Gnocchi-Form bringen. Mit einer Gabel die typischen Streifen eindrücken.
8. Die Teiglinge in das kochende Wasser geben und abschöpfen, sobald sie an der Wasseroberfläche schwimmen. Portionsweise auf Tellern anrichten und mit Tomatensoße und etwas gehobeltem Parmesan servieren.

Ohne Zuckerzusatz

Zucchinispaghetti mit Avocado-Spinat-Pesto

Für 2 Portionen
Pro Portion: 467 kcal • 14,5 g KH • 31,4 g F • 25,4 g P
vegan, glutenfrei

Für das Pesto:
20 g Walnüsse
½ Avocado
50 g frischer Blattspinat
½ Knoblauchzehe
1 EL Olivenöl
1 Spritzer Zitronensaft
Salz
Pfeffer

Für die Spaghetti:
175 g geräucherter Tofu
3 mittelgroße Zucchini (je 200 g)
1 EL Olivenöl
1 Knoblauchzehe
200 g frischer Blattspinat

1. Für das Pesto die Walnüsse in einer Pfanne ohne Öl anrösten und etwas abkühlen lassen.
2. Avocado halbieren, entkernen und Fruchtfleisch aus der Schale heben.
3. Spinat waschen und trocken schütteln.
4. Knoblauch abziehen.
5. Alle Pesto-Zutaten in den Mixtopf geben und **15 Sek./Stufe 6** cremig pürieren.
6. Tofu in kleine Würfel schneiden.
7. Zucchini waschen, putzen und mit einem Spiralschneider oder einem Sparschäler der Länge nach schälen, bis das Kerngehäuse sichtbar wird.
8. Zuerst die Tofuwürfel in einer Pfanne mit etwas Olivenöl scharf anbraten, aus der Pfanne nehmen und warm stellen.
9. Danach die Knoblauchzehe schälen und in die Pfanne pressen. Wenn nötig, noch etwas Öl hinzufügen.
10. Spinat waschen und trocken schütteln.
11. Die Zucchinispaghetti und die Hälfte des Spinats in die Pfanne geben und wenige Minuten andünsten.
12. Den restlichen Spinat auf den Tellern verteilen und mit Pesto und Zucchinispaghetti anrichten.

Ohne Zuckerzusatz

Deftige Zucchini-Pancakes mit Joghurt-Dip

Für 2 Portionen
Pro Portion: 439 kcal • 20,4 g KH • 20,7 g F • 41,5 g P
vegetarisch, glutenfrei

20 g Parmesan
300 g Zucchini
½ Zwiebel
1 Ei
1 Msp. Johannisbrotkern- oder Guarkernmehl (zur besseren Bindung, ersatzweise etwas mehr geriebenen Parmesan verwenden)
½ TL getrocknetes Basilikum
½ TL getrocknete Petersilie
Salz
Pfeffer
1 EL Öl
250 g griechischer Joghurt
1 TL Zitronensaft

1. Parmesan in den Mixtopf geben, **5 Sek./Stufe 7** zerkleinern und in eine Schüssel umfüllen.
2. Zucchini waschen, putzen, in grobe Stücke schneiden und in den Mixtopf füllen. **5 Sek./Stufe 5** zerkleinern. Falls die Stücke noch zu grob sind, Zucchini mit dem Spatel nach unten schieben und Vorgang wiederholen. Zucchini in ein Küchentuch oder einen Nussmilchbeutel füllen, gut ausdrücken und in eine Schüssel umfüllen.
3. Zwiebel abziehen, in den Mixtopf geben und **3 Sek./Stufe 5** zerkleinern. Ei zu den Zwiebelstücken in den Mixtopf geben und **10 Sek./Linkslauf/Stufe 3** vermischen.
4. Zucchiniraspel (1 EL davon für den Dip beiseitelegen), Parmesan, Johannisbrotkernmehl, Basilikum, Petersilie, Salz und Pfeffer hinzufügen und **15 Sek./Linkslauf/Stufe 1** verrühren.
5. Öl in einer Pfanne erhitzen. Hände befeuchten und aus der Masse kleine Kugeln formen. Diese in die Pfanne setzen, mit einem Löffel leicht andrücken und ausstreichen. Die Zucchini-Pancakes wenden, sobald die untere Seite goldbraun ist, und fertig braten.
6. Mixtopf säubern. Joghurt, restliche Zucchiniraspel mit Zitronensaft, Salz und Pfeffer **10 Sek./Linkslauf/Stufe 1** verrühren.
7. Joghurt-Dip zu den Zucchini-Pancakes servieren.

Süsses und Desserts

Bratapfel

Ohne Zuckerzusatz

Mit Süße aus Früchten

Für 2 Bratäpfel
Pro Stück: 158 kcal • 26,8 g KH • 4 g F • 5 g P
vegetarisch, glutenfrei

2 Äpfel
4 EL Magerquark
2 getrocknete Aprikosen
2 TL gehackte Nüsse, z. B. Walnüsse oder Pekannüsse
1 Msp. Zimt

1. Backofen auf 180 °C Umluft vorheizen.
2. Äpfel waschen und abtrocknen.
3. Den oberen Teil der Äpfel abschneiden, Kerngehäuse vorsichtig entfernen und Äpfel etwas aushöhlen.
4. Magerquark, Aprikosen, Nüsse und Zimt in den Mixtopf geben und **5 Sek./Stufe 6** zerkleinern. Die Äpfel damit füllen und Apfeloberteile wieder aufsetzen.
5. Äpfel in eine Auflaufform oder auf ein Backblech stellen, in den Ofen schieben und 20–25 Min. backen.

Ohne Zuckerzusatz

Mit Süße aus Früchten

Hüttenkäse-»Milchreis« mit Erdbeersoße

Für 1 Portion

Pro Portion: 295 kcal • 9,8 g KH • 18,3 g F • 21,9 g P

vegetarisch, glutenfrei

200 g Hüttenkäse
1 TL Wasser (oder Mandelmilch)
Zimt (optional)
100 g Erdbeeren

1. Hüttenkäse in einer Schüssel mit Wasser und evtl. etwas Zimt verrühren.
2. Erdbeeren waschen, putzen, trocken tupfen und in den Mixtopf geben (evtl. 1–2 Erdbeeren zum Garnieren auf die Seite legen) und **5 Sek./Stufe 8** pürieren.
3. Das Erdbeerpüree **5 Min./70 °C/Stufe 2** erwärmen und über den Hüttenkäse-»Milchreis« geben.
4. Evtl. mit den restlichen Erdbeeren garniert servieren.

Ohne Zuckerzusatz

Mit Süße aus Früchten

Heidelbeer-Joghurt-Muffins

Für 8 Stück
Pro Stück: 128 kcal • 17,5 g KH • 4 g F • 4,6 g P
vegetarisch

150 g Heidelbeeren
150 g Naturjoghurt
3 Datteln, getrocknet
1 Ei
1 EL weiche Butter oder Öl mit neutralem Geschmack, z. B. Sonnenblumenöl
150 g Dinkelvollkornmehl
1 TL Backpulver
1 Prise Salz

1. Backofen auf 180 °C Umluft vorheizen.
2. Heidelbeeren waschen und abtropfen lassen.
3. Joghurt und Datteln in den Mixtopf geben und **5 Sek./Stufe 6** pürieren.
4. Ei und Butter hinzufügen und **10 Sek./Stufe 4** verquirlen.
5. Mehl, Backpulver und Salz hinzugeben und **10 Sek./Stufe 3** vermengen.
6. Heidelbeeren zum Teig in den Mixtopf geben und **10 Sek./Linkslauf/Sanftrührstufe** unterheben.
7. Muffinblech mit Papierförmchen auslegen und Teig in 8 Mulden einfüllen.
8. Muffins 20–25 Min. im Ofen backen.

Mit Zucker-ersatz

Schoko-Cookies

Für 15 Cookies
Pro Stück: 85 kcal • 1,7 g KH • 5,8 g F • 5,4 g P
vegetarisch, glutenfrei

150 g weißes Mandelmehl (aus blanchierten Mandeln)
1 Ei
¼ Teelöffel feinkörniges Meersalz
½ TL Backpulver
40 g Kokosöl, geschmolzen
1 EL Vanilleextrakt
1 EL Backkakao
50 g Schokodrops mit Xylit oder grob gehackte Low-Carb-Schokolade

1. Mandelmehl, Ei, Salz, Backpulver, Kokosöl, Vanilleextrakt und Kakao in den Mixtopf füllen und **20 Sek./Stufe 3** vermengen.
2. Den Teig für 30 Min. im Kühlschrank ruhen lassen und den Backofen auf 160 °C Ober-/Unterhitze vorheizen.
3. Aus dem Teig Kugeln formen und diese vorsichtig platt drücken, sodass Cookies entstehen.
4. Nach Belieben die Schokodrops in den Teig drücken.
5. Die Cookies im Ofen auf einem mit Backpapier ausgelegten Blech ca. 15 Min. backen.
6. 15 Min. abkühlen lassen, dann vorsichtig vom Backblech lösen, dann komplett abkühlen lassen und genießen.

Mit Zucker-ersatz

Fruchtgummi

Für ca. 12 Stück

Pro Stück: 3 kcal • 0,1 g KH • 0 g F • 0,7 g P

1 Packung ungesüßte Götterspeise (z. B. Kirsche)
100 ml Wasser
1 TL Puder-Erythrit
1 EL Quark

1. Götterspeise, Wasser und Puder-Erythrit in den Mixtopf füllen, **4 Min./70 °C/Stufe 4** erwärmen und verrühren.
2. Die Hälfte der Masse in eine Silikonform geben.
3. Quark zur anderen Hälfte in den Mixtopf geben und **5 Sek./Stufe 4** vermischen. Ebenfalls in die Form füllen. Das ergibt zwei unterschiedliche Farben und einen etwas anderen Geschmack.
4. Die Silikonform für 1–2 Std. in den Kühlschrank stellen.

Tipp:

Einfach ungesüßte Götterspeise nach Wunsch verwenden, zum Beispiel Zitrone, Waldmeister, Himbeere usw.

Mit Zucker-ersatz

Zuckerfreie Schokolade

Schokolade darf in zahlreichen Rezepten nicht fehlen. Online findet man darum mittlerweile zahlreiche Produkte, die ganz ohne Zucker auskommen und meist mit Xylit gesüßt werden. Die Produktauswahl ist recht groß. So werden nicht nur Schokolade, sondern auch Sirup, Schokoaufstrich und Schokobackzutaten ganz ohne Zucker angeboten. Schokosoße, Kuchenglasur und Co. lassen sich auch leicht selbst aus Kakaopulver, Süßungsmittel und ein paar anderen einfachen Zutaten herstellen. Schließlich enthält Backkakao keinen Zucker, lässt sich vielseitig einsetzen, sorgt für den heiß geliebten Schokogeschmack und ist sogar ein echtes Superfood! Mit vielen Antioxidantien, Magnesium und Eisen schützt Kakao unsere Zellen, hält uns jung und lässt sich ganz einfach beispielsweise zu leckerer Schokosoße verarbeiten.

Schokosoße

Für ca. 250 ml
Pro Portion mit 50 ml: 50 kcal • 3,1 g KH • 0,2 g F • 3 g P
vegetarisch, glutenfrei

40 g Kakaopulver, ungesüßt
180 g Milch oder Pflanzenmilch
50–60 g Puder-Xylit oder Puder-Erythrit
evtl. 1 TL Guarkernmehl und Johannisbrotkernmehl zum Andicken

1. Die Zutaten in den Mixtopf geben und **5 Min./90 °C/Stufe 2,5** verrühren. Falls die Schokosoße noch zu flüssig ist, mindestens noch mal **5 Min./90 °C/Stufe 1** einschalten.
2. Das Eindicken geht schneller mit 1 TL Guarkernmehl oder Johannisbrotkernmehl. Langsam einrieseln lassen, damit es nicht klumpt, und noch mal **2 Min./90 °C/Stufe 2,5** einschalten.
3. Durch Abkühlen wird die Schokosoße auch fester in der Konsistenz.

Mit Zuckerersatz

Schokoglasur und dunkle Schokolade

Dieses Rezept kann man zum Herstellen von Schokoglasur oder dunkler Schokolade verwenden.

Für ca. 120 g

Pro Portion mit 20 g (eine herkömmliche »Rippe«): 102 kcal • 1 g KH • 10,8 g F • 0,2 g P

vegan, glutenfrei

50 g Kakaobutter
10 g Kokosöl
40 g Puder-Erythrit
20 g Kakaopulver
Mark einer Vanilleschote
1 Prise Salz

1. Kakaobutter in den Mixtopf geben und **5 Sek./Stufe 8** zerkleinern.
2. Kokosöl dazuwiegen und beides ca. **8 Min./37 °C/Stufe 2,5** verschmelzen.
3. Puder-Erythrit, Kakaopulver, Vanille und Salz durch die Mixtopföffnung hinzufügen und **5 Min./37 °C/Stufe 2,5** weiter verrühren.

Die fertige Schokomischung kann nun über Gebäck gegeben werden, wo sie eine tolle Glasur bildet. Man kann sie auch zu Schokolade weiterverarbeiten, z. B. abgefüllt in Pralinenformen oder als Bruchschokolade. Dazu die Masse auf ein mit Backpapier ausgelegtes Backblech streichen und nach Belieben mit gehackten Pistazien, gehackten Nüssen, Chia-Samen, gehackten Cranberrys etc. belegen. Im Kühlschrank aufbewahren!

Weiße Schokolade

Für weiße Schokolade das Schokoladen-Grundrezept verwenden und das Kakaopulver durch 15 Gramm weißes Mandelmus ersetzen.

Ohne Zucker-zusatz

Mit Süße aus Früchten

Schoko-Bananen-Kugeln

Für 10 Stück
Pro Portion: 59 kcal • 2,2 g KH • 4,4 g F • 2,1 g P
vegan, glutenfrei

80 g Mandeln ganz
½ reife Banane
1 EL frischer Orangensaft
1 TL Kakaopulver

1. Mandeln in den Mixtopf geben und **5 Sek./Stufe 5** grob hacken, in eine Schüssel umfüllen.
2. Banane schälen, in groben Stücken zusammen mit dem Orangensaft in den Mixtopf geben und **5 Sek./Stufe 7** pürieren.
3. Gehackte Mandeln und Kakaopulver hinzugeben und **10 Sek./Linkslauf/Stufe 1** vermengen.
4. Teig in eine Schüssel umfüllen und zum Festwerden mindestens 1 Std. in den Kühlschrank stellen.
5. Dann aus dem Kühlschrank nehmen und aus dem Teig 10 Kugeln formen. Bis zum Verzehr erneut kühl stellen.

Tipp:

Als Variation können Sie die Kugeln in gemahlenen Mandeln oder Kokosflocken wälzen. Im Kühlschrank sind die Kugeln ca. 1 Woche haltbar.

Ohne Zuckerzusatz

Mit Süße aus Früchten

Schoko-Creme mit Beeren

Für 1 Portion
Pro Portion: 358 kcal • 39,1 g KH • 10,8 g F • 20,8 g P
vegetarisch, glutenfrei

3–4 Haselnusskerne
1 Banane
100 g fettarme Milch, 1,5 % Fett
100 g Skyr, Natur, max. 0,2 % Fett
1 EL Kakaopulver (entölt)
1 TL gemahlene Leinsamen
50 g Brombeeren (TK oder frisch)
1 TL Kakaonibs

1. Haselnüsse in den Mixtopf geben und **3 Sek./Stufe 5** hacken. In eine Schüssel umfüllen. Banane schälen und in Stücke schneiden.
2. Milch, Skyr, Kakaopulver, Leinsamen und Banane in den Mixtopf geben und **15 Sek./Stufe 3** vermischen. Nun in ein Glas oder eine Dessertschale umfüllen.
3. Schoko-Creme mit gehackten Haselnüssen, Brombeeren und Kakaonibs toppen.

Snacks

Schinken-Zucchini-»Baguette«

Für 2 Portionen
Pro Portion: 398 kcal • 8,1 g KH • 27,6 g F • 30,1 g P
glutenfrei

1 mittelgroße Zucchini
200 g Frischkäse
200 g Magerquark
1 TL mittelscharfer Senf
Salz, Pfeffer
300 g gekochter Schinken

1. Zucchini waschen, putzen und längs in 4 ca. 1 cm dicke Scheiben schneiden.
2. Frischkäse, Quark, Senf und Gewürze in den Mixtopf geben und in **20 Sek./Stufe 3** zu einem Dip verrühren.
3. Mit diesem Dip die 4 Zucchinischeiben bestreichen.
4. Den Schinken zuschneiden und auf 2 bestrichene Zucchinischeiben verteilen.
5. Die restlichen Zucchinischeiben als »Deckel« mit der bestrichenen Seite nach unten aufsetzen.

Tipp:

Mit frischem Basilikum servieren bzw. gehackte Petersilie oder Basilikum in den Dip einrühren oder gleich Kräuterfrischkäse verwenden.

Ohne Zuckerzusatz

Bunter Hack-Salat-Wrap

Für 2 Portionen
Pro Portion: 575 kcal • 5,2 g KH • 44,4 g F • 36,3 g P
glutenfrei

300 g Hackfleisch (Rind, Schwein)
1 EL Öl, z. B. Olivenöl
Salz, Pfeffer
4-8 Salatblätter zum Befüllen, z. B. Romana, Eisbergsalat, Kopfsalat
¼ Gurke
1 Avocado
10 Cherrytomaten
1 EL Zitronensaft

1. Hackfleisch mit Öl in den Mixtopf geben, mit Salz und Pfeffer würzen und **8–10 Min./100 °C/Stufe 1** anbraten.
2. Währenddessen Salatblätter waschen und trocken schütteln.
3. Gurke waschen, abtrocknen, der Länge nach halbieren und dann quer in Scheiben schneiden.
4. Avocado halbieren, entkernen, Fruchtfleisch mit einem Löffel aus der Schale lösen und in Stücke schneiden. Cherrytomaten waschen und halbieren.
5. Sobald das Hackfleisch gar ist, Zitronensaft, Gurken-, Tomaten- und Avocadostücke hinzufügen und alles **1 Min./70 °C/Linkslauf/Stufe 1** vermischen.
6. Hackfleischmasse auf die Salatblätter verteilen und servieren.

Tipp:

Mit frisch gehackter Petersilie servieren.

Ohne Zuckerzusatz

Rote-Bete-Zucchini-Türmchen

Für 2 Portionen
Pro Portion: 413 kcal • 17 g KH • 27,3 g F • 20,5 g P
vegetarisch, glutenfrei

300 g Zucchini
300 g gekochte Rote Bete (vakuumiert)
1 Avocado
200 g Hüttenkäse
2 EL Zitronensaft
Salz
Pfeffer
1 EL Olivenöl

1. Zucchini waschen und in 12 etwa 7 mm dicke Scheiben schneiden.
2. Rote Bete in 12 ebenso dicke Scheiben schneiden.
3. Avocado halbieren, den Kern entfernen und das Fruchtfleisch mit einem Löffel herausnehmen.
4. Avocado-Fruchtfleisch, Hüttenkäse, Zitronensaft, Salz und Pfeffer in den Mixtopf füllen und **10 Sek./Stufe 7** pürieren.
5. Olivenöl in einer Pfanne erhitzen. Zucchinischeiben darin von beiden Seiten goldbraun anbraten, dann salzen und pfeffern.
6. Gemüse und Avocadocreme zu 6 Türmchen schichten, dabei Zucchini, Creme und Rote Bete abwechselnd übereinander platzieren.

Tipp:

Mit gehackter Petersilie servieren.

Ohne Zuckerzusatz

Gefüllte Schinkenröllchen

Für 2 Portionen
Pro Portion: 295 kcal • 9,8 g KH • 18,3 g F • 21,9 g P
glutenfrei

1 rote Paprika
5 Stängel frischer Schnittlauch
(oder 1 TL TK-Schnittlauch bzw.
½ TL getrockneter Schnittlauch)
100 g Frischkäse
100 g Magerquark
Salz
Pfeffer
Paprikapulver (optional)
200 g gekochter Schinken in Scheiben

1. Paprika waschen, putzen und eine Paprikahälfte in kleine Würfel schneiden, die andere Hälfte in Streifen.
2. Schnittlauch waschen und in kleine Röllchen schneiden.
3. Frischkäse und Magerquark in den Mixtopf füllen und **5 Sek./Stufe 4** verrühren.
4. Paprikawürfel, Schnittlauchröllchen, Salz, Pfeffer und Paprikapulver hinzufügen und **10 Sek./Linkslauf/Stufe 3** unterrühren.
5. Die Schinkenscheiben jeweils mit der Masse bestreichen und einrollen.
6. Dazu rohe Paprikastreifen knabbern.

Tipp:

Wenn man frischen Schnittlauch zur Hand hat, kann man die Schinkenröllchen auch damit umwickeln. Sieht sehr dekorativ auf einer Servierplatte zusammen mit frischen Gemüsesticks aus.

Eis, Frozen Yoghurt

Erdbeer-Eis

Ohne Zuckerzusatz

Mit Süße aus Früchten

Für 2 Portionen
Pro Portion: 129 kcal • 19,6 g KH • 0,9 g F • 8,5 g P
vegetarisch, glutenfrei

150 g Erdbeeren, tiefgefroren
1 Banane, geschält, in Stücken, tiefgefroren
100 g Magerquark
50 g Naturjoghurt

1. Die gefrorenen Erdbeeren und Bananenstücke in den Mixtopf geben und **10 Sek./Stufe 8** pürieren.
2. Magerquark und Joghurt hinzufügen und **10 Sek./Stufe 6** mixen. Entweder sofort verzehren (cremig) oder nochmal 1 Std. in das Gefrierfach stellen (festere Konsistenz).

Mit Zucker-ersatz

Coole Fruity-Bites

Für 12 Stück
Pro Portion: 43 kcal • 2,3 g KH • 2,6 g F • 1,5 g P
vegetarisch

150 g frische Himbeeren (oder Beeren nach Wahl)
250 g Joghurt
10 g Puder-Xylit
Mark einer ½ Vanilleschote
50 g Schokodrops aus Xylit
(alternativ: gehackte Low-Carb-Schokolade, Kakaonibs)
12 Muffinförmchen und Muffinblech

1. Himbeeren waschen und trocken tupfen.
2. Förmchen in die Mulden eines Muffinblechs legen.
3. Joghurt mit Xylit und Vanillemark in den Mixtopf füllen und **15 Sek./Stufe 5** verrühren. Danach gleichmäßig auf die Förmchen verteilen. Die Förmchen jeweils nur bis zur Hälfte füllen.
4. Himbeeren in den Joghurt drücken und mit Schokodrops, Kakaonibs oder gehackter Low-Carb-Schokolade verzieren.
5. Muffinblech nun für mindestens 1 Std. in den Gefrierschrank stellen.

Tipp:

Vor dem Verzehr aus dem Gefrierschrank nehmen und leicht antauen lassen.
Die coole Erfrischung kann in einen Zip-Beutel oder frostfesten Behälter umgefüllt und portionsweise entnommen werden.

Mit Zuckerersatz (Schokolade)

Schoko-Popsicles

Für 8 Stück
Pro Stück: 177 kcal • 21,9 g KH • 7,5 g F • 4,6 g P
vegan, glutenfrei

50 g Low-Carb-Schokolade Zartbitter
60 g geröstete Haselnüsse
35 g Kokosmilch
1 TL Kokosöl
1 Prise Salz
60 g Haselnussmilch (oder eine andere Nussmilchsorte)
5 mittelgroße reife Bananen

1. Schokolade in Stücke brechen und zusammen mit den Haselnüssen in den Mixtopf geben und **10 Sek./Stufe 8** zerkleinern. Mit dem Spatel nach unten schieben.
2. Kokosmilch, Kokosöl und Salz dazugeben und alles ca. **4 Min./50 °C/Stufe 1** erwärmen.
3. Haselnussmilch hinzuwiegen und alles **10 Sek./Stufe 3** cremig rühren.
4. Bananen schälen und in groben Stücken in den Mixtopf geben, **15 Sek./Stufe 6** zu einer homogenen Masse mixen.
5. Schokomasse in sechs Eisförmchen füllen und mindestens 6 Std. einfrieren.

Brot, Brötchen, Cracker, Chips und Aufstriche

Brot

Ohne Zuckerzusatz

Für 1 Brot/ca. 12 Scheiben
Pro Scheibe: 103 kcal • 2,8 g KH • 4,2 g F • 11,7 g P
vegetarisch, glutenfrei

250 g Magerquark
3 Eier
200 g Mandelmehl
1 EL Flohsamenschalen
1 TL Salz
40 g Sonnenblumenkerne

1. Den Backofen auf 160 °C Umluft vorheizen.
2. Quark, Eier, Mandelmehl, Flohsamenschalen und Salz in den Mixtopf geben und **20 Sek./Stufe 3** vermischen.
3. Die Hälfte der Sonnenblumenkerne zur Teigmasse geben, **15 Sek./Linkslauf/Stufe 1** unterrühren. Danach den Teig entnehmen, zu einem Laib kneten oder in eine gefettete Brotbackform geben.
4. Die restlichen Sonnenblumenkerne auf den Teig streuen und das Brot ca. 50 Min. im Ofen backen.

Ohne Zuckerzusatz

Brötchen

Für 6 Brötchen
Pro Brötchen: 168 kcal • 5,8 g KH • 8,1 g F • 13,6 g P
vegetarisch, glutenfrei

50 g Sonnenblumenkerne
25 g Chia-Samen
150 g Hüttenkäse
150 g Quark
4 Eier
30 g Flohsamenschalenpulver
1 TL Backpulver
1 Prise Salz
optional Sonnenblumenkerne, Kürbiskerne, Sesamsamen zum Bestreuen

1. Backofen auf 170 °C Umluft vorheizen.
2. Sonnenblumenkerne und Chia-Samen in den Mixtopf geben und **10 Sek./Stufe 8** fein mahlen.
3. Restliche Zutaten einfüllen und **1 Min./Knetstufe** vermengen.
4. Aus dem Brötchenteig 6 gleich große Kugeln formen, diese auf ein mit Backpapier ausgelegtes Backblech legen und etwas eindrücken.
5. Die Brötchen nach Belieben mit Kernen und Samen bestreuen und ca. 30–40 Min. im Ofen backen.
6. Die Brötchen sind fertig, wenn sie eine schöne Bräune angenommen haben. Vor dem Verzehr etwas abkühlen lassen.

Ohne Zuckerzusatz

Pikante Quinoa-Cracker

Für ca. 24 Stück
Pro Stück: 30 kcal • 3,2 g KH • 1,3 g F • 1,3 g P
vegetarisch

2 Eier
1 EL Kokosöl
2 EL Wasser
½ TL Paprikapulver
¼ TL Currypulver
Salz
Pfeffer
Cayennepfeffer
80 g gepuffte Quinoa
40 g Dinkelmehl

1. Backofen vorheizen auf 190 °C Umluft.
2. Eier, Kokosöl, Wasser und Gewürze in den Mixtopf geben und **15 Sek./Stufe 3** verquirlen.
3. Restliche Zutaten hinzufügen, **10 Sek./Linkslauf/Stufe 2** vermischen und gut abschmecken.
4. Aus dem Teig kleine Kugeln formen und diese platt drücken, sodass je ein flacher, runder Cracker entsteht.
5. Die Cracker auf einem mit Backpapier belegten Backblech verteilen und für ca. 12 Min. im Ofen backen.
6. Kurz abkühlen lassen und am besten direkt frisch genießen.

Käse-Chips

Für 4 Snack-Portionen
Pro Portion: 223 kcal • 0,3 g KH • 16 g F • 19,7 g P
vegetarisch, glutenfrei

Ohne Zuckerzusatz

150 g Parmesan
100 g Gouda
Gewürze nach Belieben, z. B. 1 EL Paprikapulver (edelsüß) oder 1 EL Kräuter der Provence oder 1 EL Knoblauchgranulat

1. Backofen auf 180 °C Umluft vorheizen.
2. Ein Backblech mit Backpapier belegen.
3. Parmesan und Gouda in groben Stücken mit den Gewürzen in den Mixtopf geben und **10 Sek./Stufe 7** zerkleinern.
4. Die Käsemischung mithilfe eines Esslöffels als kleine Häufchen auf dem Blech platzieren. Unbedingt genügend Abstand lassen, denn die Häufchen zerlaufen ziemlich. Ggf. müssen mehrere Bleche befüllt werden.
5. Die Käse-Chips 15 Min. auf mittlerer Schiene im Ofen backen und danach komplett abkühlen lassen.

Ohne Zuckerzusatz

Brokkolistrunk-Chips

Für 2 Snack-Portionen
Pro Portion: 178 kcal • 2,6 g KH • 13,3 g F • 9,9 g P
vegetarisch, glutenfrei

Strunk von 1–2 Brokkoli
2 EL Olivenöl
Salz, Pfeffer
Gewürze nach Wahl, z. B. Paprikapulver, Chili, Kurkuma
50 g Käse, z. B. Emmentaler

1. Brokkolistrunk waschen und trocken tupfen.
2. Strunk evtl. abschälen (optional) bzw. dunkle Stellen abschneiden.
3. In die gewünschte Größe, zum Beispiel in Scheiben, schneiden.
4. Olivenöl und Gewürze nach Wahl in einer Schüssel vermischen.
5. Strunkscheiben hinzufügen und alles gut vermengen, damit alle Teile mit Öl bedeckt sind.
6. Schüssel abdecken und ca. 30 Min. ziehen lassen.
7. Backofen auf 150 °C Umluft vorheizen.
8. Käse in den Mixtopf geben und **10 Sek./Stufe 7** zerkleinern.
9. Marinierte Brokkolistücke auf ein mit Backpapier ausgelegtes Backblech geben und mit Käse bestreuen.
10. Ca. 15–20 Min. im Ofen backen.

Tipp:

Leckere Knabberei – schmeckt warm und kalt.

Ohne Zuckerzusatz

Leinsamen-Cracker

Für 4 Portionen
Pro Portion: 137 kcal • 0,3 g KH • 9 g F • 8,9 g P
vegetarisch, glutenfrei

100 g Leinsamen (oder 50 g ganze und 50 g gemahlene Leinsamen)
1 Ei
50 g Wasser
Salz

1. Backofen auf 180 °C Umluft vorheizen.
2. 50 g Leinsamen in den Mixtopf einwiegen und **5 Sek./Stufe 7** zerkleinern.
3. Restliche Zutaten hinzufügen, **10 Sek./Linkslauf/Stufe 3** vermischen und Teig 1 Min. quellen lassen.
4. Die Masse sehr dünn auf ein mit Backpapier ausgelegtes Backblech streichen.
5. Blech in den Ofen schieben und Teig ca. 10–12 Min. backen.
6. Nach der Hälfte der Zeit Blech aus dem Ofen holen, Teig in beliebig große Stücke schneiden, wenden und Blech wieder in den Backofen schieben. Cracker weiterbacken, bis sie schön knusprig sind.

Tipp:

Nach Wunsch belegen oder bestreichen, zum Beispiel mit Schinken, Salami, Tomaten, Käse, Frischkäse, Kräuterquark etc.

Rote-Bete-Aufstrich

Für ca. 7 Portionen à ca. 50 g
Pro Portion: 28 kcal • 3,1 g KH • 0,7 g F • 2 g P
vegetarisch, glutenfrei

Ohne Zuckerzusatz

1 Knoblauchzehe
250 g gekochte Rote Bete
100 g Frischkäse, max. 1 % Fett absolut
2 EL Zitronensaft
1 TL Olivenöl
Salz, Pfeffer

1. Knoblauch schälen, in den Mixtopf geben und **5 Sek./Stufe 5** zerkleinern.
2. Rote Bete in grobe Stücke schneiden und zum Knoblauch geben. **10 Sek./Stufe 6** zerkleinern.
3. Frischkäse, Zitronensaft, Olivenöl, Salz und Pfeffer hinzufügen und alles **15 Sek./Stufe 5** zu einem cremigen Aufstrich mixen.

Tipp:

Schmeckt lecker als Dip zu Rohkostgemüse oder auch als Aufstrich.

Ohne Zuckerzusatz

Sourcream-Dip

Für 2 Portionen
Pro Portion: 263 kcal • 8,6 g KH • 17,4 g F • 17 g P
vegetarisch, glutenfrei

½ Zwiebel
250 g Magerquark
80 g Schmand
50 g Crème fraîche
½ EL Essig, z. B. Balsamico weiß
Salz, Pfeffer
2 EL Schnittlauchröllchen

1. Zwiebel abziehen, in den Mixtopf geben und **3 Sek./Stufe 5** hacken. Restliche Zutaten bis auf die Schnittlauchröllchen in den Mixtopf hinzugeben und **10 Sek./Stufe 3** verrühren.
2. Schnittlauchröllchen hinzufügen und **10 Sek./Linkslauf/Stufe 2** untermischen.

Tipp:

Perfekter Dip zu Gemüsesticks oder Ofenkartoffeln.

Nuss-Nugat-Creme

Mit Zuckerersatz

Für ca. 300 ml
Pro 20 g: 121 kcal • 0,9 g KH • 12,4 g F • 1,4 g P
vegetarisch, glutenfrei

160 g Butter
4 EL Kakaopulver
4 EL weißes Mandel- oder Haselnussmus
½ TL Vanillearoma
40 g Puder-Erythrit
50 g Sahne oder Milch

1. Die Butter in den Mixtopf geben und **4 Min./60 °C/Stufe 1** schmelzen lassen.
2. Alle weiteren Zutaten hinzufügen und **20 Sek./Stufe 4** verrühren.
3. Je nach Bedarf gegebenenfalls noch etwas Sahne oder Milch hinzufügen.
4. In ein Glas umfüllen. Abkühlen lassen und genießen.

Mit Zuckerersatz

Ketchup

Für ca. 400 g
Pro Portion (ca. 20 g): 22 kcal • 1,5 g KH • 0,8 g F • 0,4 g P
vegan, glutenfrei

1 kleine Zwiebel
2 Knoblauchzehen
1 EL Olivenöl
400 g stückige Tomaten (aus der Dose)
2 EL Apfelessig
2 EL Xylit
1 TL Currypulver
1 TL Paprikapulver, edelsüß
je eine Prise Salz und Pfeffer
optional etwas Chilipulver

1. Zwiebel und Knoblauchzehen abziehen, Zwiebel halbieren, beides in den Mixtopf geben und **5 Sek./Stufe 5** zerkleinern.
2. Öl hinzufügen und Gemüse **3 Min./Varoma/Stufe 1** andünsten.
3. Restliche Zutaten hinzufügen und alles **15 Min./100 °C/Stufe 2** köcheln lassen.
4. Tomatenketchup nochmals abschmecken, Messbecher in den Mixtopfdeckel einsetzen und alles mindestens **30 Sek./Stufe 7** pürieren
5. Ketchup noch heiß in ein sauberes Einmachglas füllen, gut verschließen, auf den Kopf stellen und den Ketchup komplett auskühlen lassen, ehe er im Kühlschrank aufbewahrt wird.

Mit Zuckerersatz

Barbecue-Soße

Für ca. 250 g
Pro Portion (ca. 50 g): 20 kcal • 4,2 g KH • 0,1 g F • 0,7 g P
vegan, glutenfrei

½ rote Zwiebel
1 Knoblauchzehe
25 g Tomatenmark
175 g passierte Tomaten (aus der Dose)
10 ml dunkler Balsamico
20 g Puder-Erythrit
20 ml Apfelessig
Meersalz
Paprikapulver, edelsüß
Pfeffer

1. Zwiebel und Knoblauch abziehen. Zwiebel halbieren und mit dem Knoblauch in den Mixtopf geben und **5 Sek./Stufe 5** hacken.
2. Restliche Zutaten hinzufügen und **3 Min./100 °C/Stufe 2** aufkochen.
3. Danach Messbecher in den Mixtopfdeckel einsetzen und die Barbecue-Soße **15 Sek./Stufe 7** pürieren.

Tipp:

Wer mag, kann Rauchsalz und Sojasoße für einen rauchigen Geschmack hinzufügen.

Ohne Zuckerzusatz

Gemüsebrühenpaste

Für ca. 400 g (ca. 20 Portionen)
Pro Portion (20 g): 9 kcal • 1,3 g KH • 0,1 g F • 0,4 g P
vegan, glutenfrei

400 g Gemüse (z. B. Sellerie, Lauch, Karotten, Pastinaken, Außenblätter und Strunk von diversen Kohlsorten und Kräuter z. B. Petersilie)
2 EL Öl, z. B. Rapsöl
1 EL Salz
Pfeffer
Einweckgläser mit insgesamt 400 ml Fassungsvermögen

1. Gemüse waschen, evtl. schälen und in grobe Stücke schneiden. Kräuter waschen, trocken schütteln und in grobe Stücke zupfen.
2. Gemüse und Kräuter in den Mixtopf geben und **10 Sek./Stufe 6** zerkleinern.
3. Öl hinzufügen und alles **15 Min./Varoma/Stufe 2** einkochen lassen.
4. Je nach gewünschter Konsistenz **10 Sek./Stufe 7** pürieren und mit Salz und Pfeffer abschmecken.

Tipp:

1 TL Paste ergibt 250 ml Gemüsebrühe. Man kann die Paste auch in Eiswürfelbehälter streichen und portionsweise einfrieren.

Mit Zuckerersatz

Marmelade

Für ein kleines Glas
Pro Portion (20 g): 7,6 kcal • 1,2 g KH • 0,1 g F • 0,2 g P
vegan, glutenfrei

150 g Erdbeeren oder andere Beeren wie Heidelbeeren oder Johannisbeeren
1 EL Zitronensaft
10 g Puder-Erythrit (je nach Süße der Beeren noch etwas Erythrit hinzufügen)
½ TL Agar-Agar

1. Erdbeeren putzen und vom Stiel befreien.
2. Zitronensaft, Erdbeeren und Puder-Erythrit in den Mixtopf geben und **10 Sek./Stufe 8** pürieren.
3. Mit dem Spatel die Masse nach unten schieben und **6 Min./100 °C/ Stufe 2** kochen lassen.
4. Nach ca. 1 Min. bereits das Agar-Agar-Pulver einrieseln lassen.
5. Danach Masse sofort in ein sauberes, gut verschließbares Glas (z. B. Einweckglas) umfüllen, abkühlen lassen und im Kühlschrank aufbewahren.

Mit Zucker-ersatz

Erdnussbutter

Für ca. 200 g Erdnussbutter
Pro Portion mit 20 g: 131 kcal • 1,6 g KH • 0,1 g F • 0,1 g P
vegan, glutenfrei

200 g Erdnüsse (ohne Schale)
1 EL Xylit
1 Prise Salz
1–2 EL Erdnuss- oder Sonnenblumenöl

1. Erdnüsse zuerst im Backofen oder in der Pfanne kurz anrösten. Hierzu die Nüsse bei ca. 150 °C Heißluft 10 Min. lang in den Backofen schieben oder vorsichtig ohne Fett ein paar Minuten in der Pfanne rösten. Selbstverständlich können auch bereits geröstete Nüsse verwendet werden.
2. Die gerösteten Erdnüsse nach dem Auskühlen zusammen mit dem Xylit und der Prise Salz in den Mixtopf geben und **10 Sek./Stufe 10** zerkleinern.
3. Mit dem Spatel das bereits entstandene Mus wieder nach unten schieben.
4. 1–2 EL Öl hinzufügen und für **10 Sek./Stufe 7** mixen. Evtl. Mixvorgang noch einmal wiederholen, bis die gewünschte Konsistenz erreicht ist.
5. Durch das Mixen ist das Erdnussmus direkt nach der Zubereitung etwas flüssiger, weil es noch warm ist. Im Kühlschrank bekommt es dann eine festere Konsistenz und ist nun etwa zwei Wochen lang haltbar und kann Desserts, Smoothies oder auch Gebäck verfeinern.

Danksagung

Bianca zeigt mit ihrem Food-und-Fitness-Instagram-Account @biancazapatka sowie in ihrem Blog www.biancazapatka.com anhand von schönen Fotografien, wie lecker, bewusst und ausgewogen man sich ernähren kann. Egal ob vegetarisch, mit Fleisch/Fisch und süß oder herzhaft. Hier ist für jeden etwas dabei und hier wird garantiert jeder hungrig!

Männer an den Herd! Egal ob vegan oder vegetarisch, süß oder herzhaft – Christopher, auch bekannt als @fussal93 auf Instagram, liebt es, in der Küche mit seinen Zutaten zu experimentieren und seine Kreationen schmackhaft in Szene zu setzen. Sein Motto: Genuss kann auch ganz einfach sein!

Diana vom Blog www.schwarzgrueneszebra.de teilt auf ihrer Seite jede Woche leckere Low-Carb-Gerichte. Nicht nur schnelle Gerichte für jeden Tag, sondern auch Außergewöhnliches für die besonderen Momente oder den süßen Zahn. Ihr Motto lautet: Geht nicht gibt's nicht!

Eileen von www.veggieundvegan.de bloggt auf ihrem vegetarischen und veganen Blog über Rezepte, Inspirationen und Nützliches aus und für die Küche. Auf ihrer Instagram-Seite @eileen_mo_ zeigt sie ihren Followern, wie ausgefallen die vegetarische Küche sein kann.

Katharina Clören – Schnelle, gesunde Fitness-Küche für jedermann. Leckereien können gesund sein, und ausgewogen kochen geht auch in der Mikrowelle. Wie? Das zeigt Katharina auf ihrem Fitness-Account bei Instagram @squatsandpeanuts.

@Leilajasmin_, auf Instagram bekannt, zeigt auf ihrem Account, dass man Essen auch ohne schlechtes Gewissen genießen kann. Selbst dann, wenn man auf seine Ernährung achten, gesund leben oder sogar etwas abnehmen möchte.

Mandy zeigt auf ihrem Instagram-Account @mia.mirabelle einfache Rezepte, die leicht umzusetzen und auch noch gesund sind. Hier ist von low carb, low fat bis hin zu vegetarisch und vegan von allem etwas dabei. Zudem werden alle Back und Kochwerke liebevoll in Szene gesetzt, sodass allein schon die Fotos Lust aufs Backen bzw. Kochen machen.

Nadin von Fitnessfood4u – healthy food for sporty people. In ihrem Blog www.fitnessfood4u.de und auf Facebook zeigt sie gesunde Rezeptideen und schöne Food-Fotos.

Ronja vom Online-Magazin *Food'n'Photo* zeigt, dass auch das Auge mitisst. Auf ihrem Blog www.foodnphoto.de und ihrem Instagram-Account @miss_gruenkern präsentiert sie leckere und gesunde Gerichte, die allein beim Ansehen Appetit bereiten.

Dir fehlt die Motivation, dich in die Küche zu stellen und etwas Gesundes zu kochen? Dass dem nicht so sein muss, zeigt Vanessa F. Wie man schnelle und vor allem eiweißreiche Gerichte und Süßspeisen zubereitet, zeigt sie auf ihrem Instagram-Account: @vanessas.gymfood.

Über die Autorin

Veronika Pichl, Jahrgang 1980, ist erfolgreiche Buchautorin zu den Themen Abnehmen, Ernährung, Bewegung und Glücklichsein. Sie entwickelt Ratgeber für den riva Verlag und den von ihr selbst gegründeten Happy Fit Food Verlag (www.happyfitfood.de).

Bild- und Rezeptnachweis

S. 23: Pancakes (Rezept + Foto): Karina Sowa, karinasowa.com
S. 25: Bananenbrot (Rezept): Miriam Matin
S. 26: Kaffee-Oatmeal (Rezept + Foto): Bianca Zapatka, @biancazapatka
S. 27: Superfood-Müsli-Bowl (Rezept + Foto): Nadin Schatter, fitnessfood4u.de
S. 34–35: Minestrone mit weißen Bohnen (Rezept + Foto): Miriam Matin
S. 36: Cremige Brokkoli-Sellerie-Suppe mit Feta (Rezept + Foto): Miriam Matin
S. 37: Beeriger Blattspinat-Salat (Rezept + Foto): Christopher Breitfuß, @fussal93
S. 38–39: Avocado-Lachs-Salat (Rezept + Foto): Karina Sowa, karinasowa.com
S. 40: Zucchinisalat mit Schafskäse, Oliven und Pinienkernen (Rezept): Katharina Clören, @squatsandpeanuts
S. 42–43: Asia-Hähnchen-Gemüse-Mix mit Blumenkohlreis (Rezept + Foto): Diana Ruchser, schwarzgrueneszebra.de
S. 44–45: Chicken-Nuggets mit Curry-Dip (Rezept + Foto): Eileen Moser, veggieundvegan.de
S. 46: Hähnchen-Bruschetta (Rezept + Foto): Mandy Brünig, @mia.mirabelle
S. 47: Kohlrabi-Hack-Auflauf (Rezept + Foto): Diana Ruchser, schwarzgrueneszebra.de
S. 50–51: Spaghetti bolognese (Rezept + Foto): Leila Jasmin, @leilajasmin_
S. 52–53: Burger (Rezept + Foto): Leila Jasmin, @leilajasmin_
S. 54–55: Brokkolinudeln mit Brokkoli-Käse-Soße (Rezept + Foto): Diana Ruchser, schwarzgrueneszebra.de
S. 57: Lachsomelett (Rezept + Foto): Karina Sowa, karinasowa.com
S. 59: Blumisotto mit Garnelen (Rezept + Foto): Diana Ruchser, schwarzgrueneszebra.de
S. 66–67: Gnocchi mit fruchtiger Tomatensoße (Rezept + Foto): Eileen Moser, veggieundvegan.de
S. 68–69: Zucchinispaghetti mit Avocado-Spinat-Pesto (Rezept + Foto): Ronja Pfuhl, @miss_gruenkern
S. 70: Deftige Zucchini-Pancakes mit Joghurt-Dip (Rezept): Vanessa Faschingbauer, @vanvanblabla
S. 74: Schoko-Cookies (Rezept + Foto): Nadin Schatter, fitnessfood4u.de
S. 75: Fruchtgummi (Rezept + Foto): Leila Jasmin, @leilajasmin_
S. 84–85: Rote-Bete-Zucchini-Türmchen (Rezept + Foto): Miriam Matin
S. 87: Erdbeer-Eis (Rezept + Foto): Karina Sowa, karinasowa.com
S. 90: Schoko-Popsicles (Rezept): Vanessa Faschingbauer, @vanvanblabla
S. 91: Brot (Rezept + Foto): Nadin Schatter, fitnessfood4u.de
S. 92: Brötchen (Rezept + Foto): Miriam Matin
S. 94: Pikante Quinoa-Cracker (Rezept + Foto): Ronja Pfuhl, @miss_gruenkern
S. 95: Käse-Chips (Rezept + Foto): Eileen Moser, veggieundvegan.de
S. 96–97: Brokkolistrunk-Chips (Rezept + Foto): Veronika Pichl, happyfitfood.de
S. 98: Leinsamen-Cracker (Rezept+Foto): Diana Ruchser, schwarzgrueneszebra.de
S. 101: Nuss-Nugat-Creme (Rezept + Foto): Diana Ruchser, schwarzgrueneszebra.de
S. 102: Ketchup (Rezept): Miriam Matin
S. 104: Barbecue-Soße (Rezept): Karina Sowa, karinasowa.com

S. 7: Oleksandra Naumenko/shutterstock.com; S. 8: Niradj/shutterstock.com; S. 9: Africa Studio/shutterstock.com; S. 10: Nitr/shutterstock.com; S. 11: William Potter/shutterstock.com; S. 12 links unten: Shebeko/shutterstock.com; S. 12 rechts oben: Africa Studio/shutterstock.com; S. 13: Stokkete/shutterstock.com; S. 14: Alexander Prokopenko/shutterstock.com; S. 15 links oben: baibaz/shutterstock.com; S. 15 rechts unten: Dream79/shutterstock.com; S. 16 links unten: Chiociolla/shutterstock.com; S. 16 rechts oben: KatharinaRau/shutterstock.com; S. 18 links oben: Stokkete/shutterstock.com; S. 18 rechts unten: rtbilder/shutterstock.com; S. 19: Natalie Board/shutterstock.com; S. 20 links oben: yuda chen/shutterstock.com; S. 20 rechts unten: Dmytro Balkhovitin/shutterstock.com; S. 21: ipag collection/shutterstock.com; S. 22 oben: Monika Wisniewska/shutterstock.com; S. 22 unten: Gayvoronskaya_Yana/shutterstock.com; S. 24 JeniFoto/shutterstock.com; S. 25: A_Lein/shutterstock.com; S. 28: Fascinadora/shutterstock.com; S. 31: Kati Molin/shutterstock.com; S. 32: Oksana Mizina/shutterstock.com; S. 33: Volodymyr Shablei/shutterstock.com; S. 40: Timolina//shutterstock.com; S. 41: sarsmis/shutterstock.com; S. 48: laperla_foto/shutterstock.com; S. 56: Digivic/shutterstock.com; S. 58: Patryk_Kosmider/shutterstock.com; S. 61: Ryzhkov Photography/shutterstock.com; S. 62: sarsmis/shutterstock.com; S. 63: Africa Studio/shutterstock.com; S. 64: Elena Veselova/shutterstock.com; S. 71: Anna Om/shutterstock.com; S. 72 sarsmis/shutterstock.com; S. 73: Krzysztof Slusarczyk/shutterstock.com; S. 76: NADKI/shutterstock.com; S. 77 oben: Yala/shutterstock.com; S. 77 unten: Brent Hofacker/shutterstock.com; S. 79: Viktor Kochetkov/shutterstock.com; S. 80: HealthyLauraCom/shutterstock.com; S. 81: Heike Rau/shutterstock.com; S. 82: Joshua Resnick/shutterstock.com; S. 86: Teresa Kasprzycka/shutterstock.com; S. 89: Cristi Kerekes/shutterstock.com; S. 90: zarzamora/shutterstock.com; S. 99: id-art/shutterstock.com; S. 100: Nataliya Arzamasova/shutterstock.com; S. 102: Yulia Davidovich/shutterstock.com; S. 103: HandmadePictures/shutterstock.com; S. 104: Natalie_Barth/shutterstock.com; S. 105: Christian Jung/shutterstock.com; S. 107: Christian Jung/shutterstock.com

Weitere Bücher zum Kochen mit dem Thermomix®